愛與奇蹟，

家族系統排列一本通：

從核心理論到療癒案例，
結合實務、藝術與靈性，
引領你前往幸福成功的人生

作者◎楊世華

故事執筆◎周清華

致 謝

　　能夠完成這本書，首先，我向我的恩師──周鼎文導師致最高的謝意，是他捨棄原來的醫職，將系統排列引入台灣，翻譯出版一系列海寧格的書籍，並將最正統的內容傳授給學生們，作為他的第一批學生深感榮幸與感恩。

　　謝謝在害羞的心情下將系統排列介紹給我的徐秀卿老師，透過她的善意分享，我毅然決然的投入系統排列的領域，如今我的生命改觀，雖然秀卿老師謙虛的不以為然，但是她的確是我生命中的貴人之一。我也想用這本書謝謝我的丈夫，他無怨無悔全力支持我的學習與學院的成立，能有今天，他的付出與鼓勵感動了我的心。

　　我也想用這本書謝謝我的兄弟姊妹們，我們在一個家庭中，一起長大，同舟共濟，一起奮鬥過，一路走來真是不易，現在我們每個人都擁有自己美好的生命，非常感謝天主的眷顧。

　　感謝本書的共同執筆人周清華女士，她是我的學生，也對排列非常有興趣。她的文筆流暢清晰，我們一起討論如何呈現排列的重點精華，決定用故事的方式，從加拿大和台灣的工作坊選擇較具代表性的個案，由她執筆完成，非常感謝。

　　也在這裡謝謝我的侄兒楊智燃先生，他細讀內容，以讀者

的角度給了我許多寶貴的意見，使本書得以順利完成。

　　謝謝我十多年來所有的學生們，你們對人生認真的態度教育了我、滋養了我、豐富了我的視野，協助我成長，幫助我成為稱職的系統排列師，幫助我找到我人生的使命，我真是幸運。

系統排列 ——理論、實務、藝術與靈性的結合

1997年我第一次接觸到系統排列，2001年邀請系統排列創辦人海寧格先生開課，成立台灣海寧格機構（現改名道石教育），正式將系統排列引進亞洲，包括台灣、中國、香港、新加坡等地都在蓬勃發展。系統排列不僅應用廣泛，更受到民間、學術與政府單位的肯定，甚至法官學院也數次邀請授課。還有大學、醫院、公司企業、地方法院、社福單位不斷邀請授課或輔導其個案與客戶，因系統排列而受益的人們數以萬計。

系統排列是一門結合理論、實務、藝術與靈性的實用學問，幫助當事人探索深層的系統力量，將問題的根源直接展現在眼前，進而找到解決之道及創意性的改變方案，帶給人們朝向幸福成功的人生，同時也能推動社會朝向更成熟的方向發展，非常符合適合現代人的需求。但也因為它能帶來強而有力的深度改變，因此對於從事這項工作的排列師就有著高度的專業要求。

世華老師是我多年前訓練的系統排列師，她學習認真並堅持走在助人的路上，這些年幫助了不少的個案，這本書是她多年學習與工作經驗的結晶。我最欣賞本書第一部分所介紹的系統排列理論根據，讓許多不明白的人、有質疑的人能從理論的角度認識系統排列，打破對系統排列的迷思與誤解，也為這門

學問提供一個非常好的整理架構。第二部分是世華老師的個案實務，結合了她的藝術天份將案例展現地有聲有色，能令人升起內心的反觀與共鳴，我相信本書對於許多希望擁有幸福快樂的人們必能帶來特別的助益。

周鼎文

國際知名系統排列導師，將系統排列引進華人世界的第一人，

曾任亞洲系統排列大會主席。

台灣海寧格機構、道石國際系統排列學院（TAOS）創辦人

家族系統排列上乘之選

世華老師書香門第，一脈相傳，終身從事教職，提攜英才一直是她的使命。而她也非常有福氣，慧眼獨具，正當家族系統排列在台灣萌芽發展的關鍵初期，接受了源自海寧格（Bert Hellinger, 1925~2019）最正規且嚴謹的系統排列訓練與薰陶。

大約是2000年初期，周鼎文老師、李中瑩老師和鄭立峰老師分別將系統排列這門學問、方法及技術帶到亞洲，引進了華人世界。當時的確有許多人也見識到系統排列的威力和好處，而趨之若鶩，但是終究路遙知馬力，疾風識勁草，物競而天擇，真正學習系統排列能夠堅持下來且能夠脫穎而出，並將之發揚光大的實在是寥寥可數，而世華老師就是奇葩之一。

世華老師不僅對於家族系統排列的學問和方法非常下功夫，她更將之應用在創傷療癒上，獲得豐富的經驗和成果，將家族系統排列與創傷療癒整合在一起是其最大的特色，因此幫助個案便能精準到位。尤其令人感佩值得一提的是，她用心培育出許多優秀且足可獨當一面的後進晚輩，為家族系統排列正知正念的推展上立下榜樣，實功不可沒。

魯迅有許多觀念長久以來都深遠地影響著我，他認為「偉大的成績和辛勤勞動是成正比例的，有一分勞動就有一分收穫，日積月累，從少到多，奇蹟就可以創造出來。」而世華老師正是一位不折不扣、令人佩服的奇蹟創造者。

　　這本書非常值得推薦，從目錄就可以看出來，世華老師已經道出了系統排列相當完整齊全的概念與指導經驗，尤其在拜讀了這本書之後，深深地感覺到，這就是心中的共鳴 ——〔大愛二部曲〕。全書邏輯清晰且力道十足，如她自序所述，本書共分成二個部分：

第一部：不論初學或專研者皆需要的 [核心理論]
第二部：令人感動回味 [同理人生] 多元豐富的療癒案例

　　本書中許多的案例，讓我們透過系統的觀點，在跌宕起伏的故事背後，不僅領悟到人性的複雜與尊嚴，同時感受到人生的苦難與哀傷，但最重要的是讓我們學會以更開闊的心，去洞見問題的核心始末，徹底療癒周而復始的傷痛，獲得自在自由的人生。

　　總的來說，本書的內容明顯是楊世華老師多年鑽研與發展的寶貴成果，她在系統排列這門學問的理論、技術及經驗，可謂翹楚標竿。對於想要從事系統排列工作的朋友來說，這也是

非常全面寶貴的資源；更肯定地説，這是可以讓學習系統排列的人輕鬆上手的必讀好書。

　　歐陽修説：立身以立學為先，立學以讀書為本。想要真正明白家族系統排列的玄妙，本書乃上乘之選。

邊明倫(Benjamin Pien)
社團法人亞洲企業組織系統排列協會(JAASCOB) 理事長

您已經把資深排列師請到您面前了……

　　我是一個對能量、療癒很感興趣的人，十幾年前第一次接觸到家族排列，我非常震驚，怎麼這麼神奇啊！一個人在「代表」的狀態下，竟然可以把完全不認識的人他的神情、言行舉止、態度等詮釋得這麼傳神，連不為人所知的家族動力也表露無遺，因此對這個療癒系統留下深刻的印象。

　　後來經人推介，我到善牧家族系統排列學院跟世華老師學習。在工作坊上我看到世華老師是一位非常柔軟有愛心的資深排列師，在她經驗豐富的排列之下，很快就能進入動力核心，洞察癥結所在。不僅如此，她在排列場上也花相當時間讓個案和相關人的愛流動，徹底的做療癒，讓個案在工作坊後能有脫胎換骨的大轉變。我很欣賞世華老師獨特的排列手法，並且慶幸自己跟了一位優質的老師學習。

　　我很喜歡在生活中捕捉故事，因此把工作坊上印象深刻的排列記錄下來，仔細推敲，並且拿給世華老師看。世華老師針對我記錄的過程給我更多原理原則的解析和觀察的技巧，讓我無形中成為受益最多的學員。我心想坊間怎麼有這麼無私又肯

教的老師呢？我被她不藏私的教學熱誠深深感動，因此把這些珍貴的「課外課」一五一十寫下來。

或許我跟世華老師有特別的緣份吧！後來她經常與我分享其他個案事例，我把故事寫下來之後，她在紙上「排列」，我在紙上「學排列」。直到有一天，「紙上排列」累積相當多份數時，我們不約而同想到：何不把這麼棒的資料分享出來，成為最佳的教材，讓更多人來認識、學習家族系統排列呢？

因此我們從家族系統創傷療癒開始著手，除了詳細記載個案排列的過程之外，還精心規劃了五個單元：

一. 特寫鏡頭：聚焦重點人物的言行舉止，讓讀者可以從中看出端倪。

二. 認識系統排列原則。

三. 採取行動讓愛流動：叮嚀個案回去之後，可以持續採取行動來做改變。

四. 進入內心讓愛流動：如果讀者也有類似的情形，也可以這樣做。

五. 排列手法解析。

這本書從以上多元的面向讓讀者深入瞭解家族系統排列，並且做療癒，堪稱是一本內容非常豐富，又實用的排列書籍。我撰寫此書時，完全以讀者為出發點，用深入淺出的方式貼近

讀者，彷彿把資深排列師請到您面前，向您娓娓敘說每個事例。

　　閱讀此書您會發現家族系統創傷療癒並沒有你想像的那麼難、那麼玄。如果您曾經學過家族系統排列，那麼這本書可以讓您更看出門道；如果您是感興趣的人，也可以從本書看出精髓。因為在閱讀的同時，您已經把資深排列師請到您面前了。

　　　　祝福
　　　　　　你和你的家人，安好豐盛。

周清華(Angela Chou)
　　　　她是來自天使王國的靈魂，
　　同時也是一位親切、溫暖、熱心分享天使之愛的人間天使。

自 序

　　我出生在20世紀50年代，整個社會都很貧困，我的家庭雖然拮据，但在父母的努力打拼之下，八個兄弟姊妹尚能溫飽。我的父母都是老師，一家人生活在教職員宿舍，校舍就是我家庭院，我在這自由自在奔放的長大，沒有什麼重大創傷；但是不知為什麼，我常有一種惶惶不可終日、隨時有大難即將來臨的感受。驚恐、沉重與悲傷，這些感覺壓得我喘不過氣來，於是我不斷地尋找答案，直到接觸了家族系統排列，我才豁然開朗，整個人輕鬆了許多。因著得到了莫大的幫助，我產生了一股熱誠，希望能夠把我的經驗分享給需要的人們。

　　剛接觸家族系統排列時，對於排列能夠揭露潛意識的內容，又能震動內在，直指核心的力量讓我非常的好奇，其實更多的是疑惑，我擔心這樣強而有力的工具是否混雜著一些怪力亂神的力量，但我越是困惑，越是想要把它搞清楚，於是我花了許多心力去了解、去體會。經過多年來的經驗累積，現在我可以安心地說：系統排列不是什麼邪門歪道，它沒有那麼玄。

　　學習的過程中，看到老師的排列行雲流水非常順暢，但是自己操作的時候很容易卡住，於是這本書的目的是釐清家族系統排列的來龍去脈，並指出排列的過程有哪些關鍵點與切入點，希望能為想認識家族排列的人貢獻一份心力。

本書特別適合對系統排列有興趣而想要了解的人，第一部敘述了排列的淵源和排列的元素，幫助大家掌握排列的精髓及意涵；第二部故事的部分幫助讀者知道家族系統排列可以如何有效的幫助家庭。

　　心中想要寫這一本書已經醞釀了好多年，終於在疫情的高峰2021年完成了本書。

　　我把這本書獻給我的父母，是你們給了我生命，我也用這本書來感謝尊敬和榮耀你們。

　　謝謝每一位讀者，你們用心的閱讀，提高了本書的價值，這是給我最大的鼓勵。

楊世華

2021/8/15 台北

目錄
CONTENT

目錄
CONTENT

第一部

家族系統排列
的理論基礎

第一章・海寧格這個人

伯特·海寧格（Hellinger，1925—2019）是誰？海寧格是一位傳奇性人物，一生峰迴路轉，難以預料，他曾是軍人、戰俘、逃犯、神父、傳教士、校長。50 歲後的他，有個完全不一樣的人生，最終，他是家族系統排列的創始者及心理治療大師。

伯特·海寧格，出生於一個德國天主教家庭，5 歲的時候立志成為神父，10 歲時進入天主教修道院辦的學校。海寧格於自傳中描述，他在修道院學校和修士們如家人一般的相處，因著天主教的信仰，他和他的父母都是反納粹思想的，這在當時需要很大的勇氣來抵抗社會輿論壓力。17 歲時，海寧格被徵召成為軍人參加二戰，他的許多同學和自己的親兄弟都為國捐軀了。20 歲時他在比利時被盟軍俘虜，關入監獄，因著友人的協助，他被藏在貨物中跟著火車，逃出戰俘營回到德國，進入天主教修道院。

海寧格在維爾茨堡大學學習哲學和神學，成為一名神父，1950 年代他去到南非祖魯地區傳教，學會了祖魯語，與當地人相處融洽，在南非待了 16 年，最後擔任了主教座堂的堂區神父，他的神職生涯可以說是順遂的。

他也在南非擔任教師，最後成為校長，看到當地人對父母尊敬，父母也盡責溫馨的照顧孩子，這種文化給他很深的啟發。

海寧格在教會中發展順利，傳教結果也相當受到肯定，直到一次參加了團體動力的課程，海寧格發現了這樣的內容是他的新方向，為了追隨自己內在的聲音，尋求心靈的滋養和成長，最後決定離開南非的天主教神職工作。

從南非回到德國，他開始研究各學派與療法，舉凡溝通分析、精神分析、完形學派、催眠、神經語言程式學、薩提爾的家庭雕塑、原始療法、團體諮商等等都在他的涉獵範圍；他綜合各派學說發展出家族系統排列療法，成為這個療法的鼻祖。

海寧格 50 歲才開始研究心理學，他把全部的精力投入在發展排列，一直到 94 歲過世。他將其所學的心理學和他的靈性修持融合起來，最大的貢獻是將人的成長擴及身體、心理、靈性三方面。雖然許多人把他歸類為心理療癒大師，但他認為不只在心理方面要被療癒、需要成長，更強調改變要從靈性開始，於是把心理治療範疇擴展至「心靈的移動」領域。他的足跡遍及世界各地，曾多次來訪台灣，他最後一次到台灣開工作坊時已經 92 高齡了，這種精神令人敬佩，我數次參加他帶領的工作坊，每次都被場域的能量震懾得肅然起敬。

海寧格大師在 2010 年被提名諾貝爾和平獎，他有 108 本著作，翻譯成 38 種文字，目前翻譯成中文的有十多本，因著他的影響，全球各地都有家族系統排列的機構與系統排列工作坊在進行著，家族系統排列近幾十年來持續在世界蓬勃發展，這個方法幫助了成千上萬的人，離開痛苦，找到了家庭的和諧。

我個人把他比喻為「心理學界的貝多芬」，他們同為德國人，貝多芬在音樂界被稱為「樂聖」，這屹立不搖的地位是來自於「承先啟後」。貝多芬把古典樂派帶入了浪漫樂派，這不只是樂派名稱的區別而已，其真正的內涵是：音樂不再是皇室的貢品、貴族的專利，而是平民百姓也能藉由音樂抒發個人內在，享受音樂這門藝術，他的音樂也把他自己帶入了靈性的境界。

海寧格身為家族系統排列的鼻祖，到底開創了什麼新境界？他使全球的心理學界為之震撼，也使心理學界產生疑惑，不知道要如何界定他，是家族治療師？心理治療師？哲學家？革命家？ 這部分留待讀者自己定義吧！

第二章 · 家族系統排列的心理學脈絡

　　海寧格的家族系統排列的確是從心理學發展出來的，不是從天而降的天啟，而是可以往回推，探索出來源的。海寧格之所以成為鼻祖，成為大師，是因為他把先人的東西融會貫通，加入了新的元素，融合改變，創造出系統排列這樣全新的的方法，而且運用範圍更深更廣；雖然可以從排列追溯到各心理學派的痕跡，但已經是完全不一樣的方法了，系統排列成了跨學派、跨領域的嶄新樣貌，呈現在世人面前。

　　如果系統排列是大海，那麼上游、中游、下游是什麼呢？讓我們探究一下！

上古心理學

　　心理學到底從什麼時候開始的？ 答案是：有哲學、神學的時代就有心理學了。心理學有著悠久的歷史，早期一直是屬於哲學的範疇，上古心理學稱為哲學心理學，一般認為是起始於公元前 322 年至十五世紀文藝復興為止，主要的代表人物有柏拉圖、亞里斯多德。

　　他們到底是哲學家還是心理學家？討論的是哲學還是心

理學？有人戲稱那個時期的心理學是哲學的附庸，話雖如此，這二位偉大的哲學家在探討人的靈魂，有心理學的意涵，所以歸類為心理學並不為過。其實哲學是一切學問的基礎，我在讀書的時候也讀過音樂哲學、教育哲學，我的孩子也讀過數學哲學、化學哲學，我教過的音樂美學也算是哲學。

近代心理學

接下來，心理學到底經歷了什麼呢？十五世紀的文藝復興運動至十九世紀末實驗心理學家馮特（Wilhelm Wundt, 1832—1920）創立構造主義為止；這 400 年是近代心理學，這段期間的改變在於：從基督教經院學派以神為中心的追求，改以探討身心關係、天性與教養、知識來源、自由意志與決定論這四大議題。心理學從神學的僕人、以神為中心轉變成以人為本為其主要探討內容。

現代心理學

現代心理學由馮特開始，馮特是德國生理學家、心理學家、哲學家，被公認為是實驗心理學之父。他於 1879 年在萊比錫大學創立世界上第一個專門研究心理學的實驗室，這被認為是心理學成為一門獨立學科的標誌。在他之後，我們比較熟悉的精神分析、行為主義、認知主義、完形心理學、溝通分

析、存在心理學、家族治療、心理劇等等，各學派百家爭鳴，從此心理學就是心理學，心理學發展出屬於自己的位置。海寧格精通了以上各流派，繼續發展建構出家族系統排列。

家族系統排列的心理學脈絡表

西元前322年	15世紀	19世紀
		1879年馮特成立心理學實驗室 心理學成為獨立的科學
哲學心理學	從以神為主轉成以 人為主的心理學	現代心理學
心理學是哲學的附庸	心理學是神學的僕人	發展出家族系統排列

第三章・什麼是家族系統？

　　家族治療必定是把家庭課題放在家庭的每個成員之間，不會只專注在某一個人身上，這章以系統、家族系統、系統觀，說明家族系統排列在本質上是家族治療。

（一）系統

　　系統是一個有組織、有功能，一起運作的單位。一個人身上有許多的系統，比如心血管統、消化系統、呼吸系統、內分泌系統、生殖系統、排泄系統等等，每一個系統都有更小的系統，每一個小系統之外也都有大系統，身體的每一個系統之間也環環相扣，只要一個系統出了問題，就會連帶影響其他的系統，譬如：心血管系統出了問題，全身血流受阻，循環系統就不流暢，養分與氧氣無法帶到全身，跟著其他的器官供血供氧不足，因此都會出問題，所以消化系統、免疫系統、排泄系統等等也跟著出問題，系統與系統之間關係是非常緊密的。

　　每個人活在這個世界，都隸屬於某些系統：自己就是一個系統，除了前面提到的身體的系統，還有心理性質的社會系統。自己的靈性系統，如精神的價值觀、宗教信仰、自己的使命等等，一個人活著，身、心、靈三個系統都需要照顧，使之

成熟茁壯。

　　自己會是一個家庭的成員、某個社區的居民、某個組織的一員，也會是某個國家的國民，是世界的居民，是宇宙的一份子。這些系統相互聯繫，結構成一個完整的社會系統。每個人就是在這樣一個大大小小的社會系統中孕育、出生、成長起來的。

（二）家族系統

　　家庭也是一個系統，原則上它來自於沒有血親關係的二個人共同組成的，這是一個影響我們至深且大的系統，因為它是我們還沒有來到世界上以前，一起共生的系統，也是我們出生以後所接觸的第一個系統，並且是我們還在脆弱、無能、無力的時候賴以維生的系統；因此這個系統影響著：我是怎樣的一個人、我認為這是一個怎樣的世界，我有怎樣的感受……，等等一切的一切。

　　在新生家庭這個系統裡面，有父母、子女二代人。在家庭裡有夫妻關係、父子關係、父女關係、母子關係、母女關係，手足關係。這些關係都各有各的樣貌、各自有各自的規則；但有時候孩子會闖入夫妻關係，有時候夫妻的其中一人會放棄自己的身分，掉入孩子的系統，因而造成系統紊亂。

如果我們把夫妻二人原生家庭的父母也加進來，那系統更加複雜，有三代人的系統，增加了祖字輩的這一代，從孩子的角度增加了外祖父、外祖母、爺爺、奶奶，從父母的角度增加了岳父、岳母、公公、婆婆，這些人加入產生了祖孫關係、婆媳關係、親家關係……這些關係之間錯綜複雜，其中的一個關係出了問題，也會影響其他的關係。譬如：公公離開自己的夫妻系統，去與媳婦談感情，那二個系統都破壞掉了，而孫字輩的孩子也會被牽連其中。

家庭系統擴大成家族系統：家族是一個比家庭更大的系統，直系、旁系的家人都納入了，上幾代的祖先也都含在內。我們內在所在意的家人，不只是我們見過的家人，更包含那些我們生疏的，或是那些受苦的祖先家人們，涵蓋的家族成員擴及數代。家族系統排列的工作不僅為了家庭，整個家族也能從排列中受益。

（三）系統觀

從家族系統排列的視角理解問題，不僅是觀察表象的問題，例如：小孩子出了問題，不上學，除了要幫助孩子看看有什麼壓力？跟同學處不好？老師不喜歡？學業跟不上？早晨起不來？……也要看家庭關係出了什麼問題，可能是爸爸媽媽的夫妻關係出了問題，讓孩子不能安心，所以孩子不想上學。有

些孩子是出於拯救爸爸媽媽的心態，覺得自己去上學了，爸爸媽媽又吵架，該怎麼辦？我去上學就無法救爸爸或救媽媽；或者我去上學，我就無法作和事佬，那爸爸媽媽要怎麼辦？有些是出自於不安全感，擔心上了學，回家就找不到爸爸或媽媽那要怎麼辦？從這個例子來看，夫妻關係出了問題是因，孩子不上學是果，要幫助孩子願意去上學，先得調整好夫妻關係才有辦法做到。這種宏觀分析問題的方式我們稱為「系統觀」。比較複雜的問題我們必須用系統觀來釐清，才能解決問題。

研究家族治療的系統觀彷彿是用透視鏡加廣角鏡來看家族事件

1、用透視鏡看跨世代的家庭歷史

看每一代有哪些人；看每一代發生了什麼事？這些事對後代造成什麼影響？看到類似的事件在每一代都發生，譬如暴力、吸毒、酗酒等；看到家族中遺傳的習慣和情緒、疾病等。

2、用廣角鏡看一個家庭中的次系統彼此間的互動

譬如：一個家庭中分二國，爸爸和兒子一國，把家裡搞得一團亂，他們都不在乎；媽媽和女兒都愛整潔，覺得男人們很干擾。以系統觀點，可以觀察二個小系統彼此的互動，觀察性別因素或個性因素，觀察誰的舉動會影響誰的行為或情緒，也

會觀察誰總是沒有行動等。

家族系統排列的系統觀點不會只看一個人,而是縱向觀察代代相傳的事情或橫向觀察人與人的關係,這就是家族治療的定義。

第四章・什麼是排列？

　　說到這裡，家族系統排列就是家族治療的一支，看事情的視角與家族治療沒什麼兩樣，區別在排列這二個字。因為排列進入了量子物理的領域，家族系統排列的操作原理與能量有關，是家族治療的大突破。

排列的元素（一）能量

　　19 世紀末，人們發現舊有的古典物理學理論，無法解釋微觀世界，於是經由物理學家的努力，於 20 世紀創立量子力學，這是一個熱鬧輝煌的世紀，有些科學家改變了人對世界的看法，同時心理學家看人類也有很大的突破。

　　擁有瑞士和美國國籍的猶太裔理論物理學家愛因斯坦（Albert Einstein, 1879 － 1955），榮獲 1921 年度的諾貝爾物理學獎。他用 $E = mc^2$ 這公式來說明物質可以轉化成能量，在我們的身上得到很清楚的驗證，身體就是一個能量轉換場，身體這能量場，把食物化為能量、溫度等等，使我們能跑、能跳，證明我們活著。愛因斯坦的質能方程式說明：物質的本質就是能量。

比愛因斯坦稍早的德國物理學家，也就是量子力學的創始人普朗克博士（Max Karl Ernst Ludwig Planck, 1858 － 1947），發現了能量量子，獲得 1918 年度的諾貝爾物理學獎，他說世界上根本沒有物質，物質是具有快速振動的量子所組成，所有的物質都是有一個力量讓原子內的粒子產生振動而來，並且讓這些最微小的粒子結合在一起……簡而言之，普朗克認為可見或不可見的物質都是粒子的振動。

以量子物理學的角度來看，我們的身體並非是物質和化學的結構，而是能量所構成的，如果我們把細胞和分子原子放大來看，就能看到最基本的層面我們是由極細微的資訊場所組成的。人體的各經絡穴位也是身體特殊能量聚集之處，人死了這些位置也沒有了。綜合上述物理學家的看法：萬事萬物的本質就是能量，宇宙萬事萬物的運作是能量轉變的結果。

話雖如此，量子的微觀世界和我們平常的世界有太多的不同，我們所處的巨觀世界要觀測能量是以動能、熱能或化學能的形式來觀測的，而且實證科學家對於把能量現象運用到意識層面、心靈層面、哲學層面、心理學層面不以為然；不過，無論如何這些爭辯自古以來鮮有交集，許多事情科學無法解釋，也是自然的事。寫到這之後，本書提到的學者的說法有可能被一些人認為是偽科學，但也無損系統排列工作的進行，畢竟系統排列不是實證科學。

量子物理學家發現： 不論看得見或看不見的物質都是一

種波動，光、電、聲、熱、磁、色都以波的振動這種方式傳遞能量，振動的速度不同，頻率就不一樣。宇宙的每一種物質最基本的形式就是能量，我們的知覺是一種能量，我們的思想、感覺也是一種能量，我們的思想、感覺、肉體以及環境就是一種不同頻率的能量場。我們的感官只能夠接收到有限的頻率，事實上我們對大部分的能量沒有感覺，我們每一天所用的手機，就是在接收手機內設定好的頻率，只要頻率相同就收到訊息了，所以每一種器材都在產生電磁波，只是我們感覺不到而已。

用能量解釋人的情緒、內在狀態（意識能量）方面的研究最具代表性的是大衛・霍金斯（David R. Hawkins, 1927 – 2012），他是一位精神科醫師、美國精神醫學學會的終身會員，對意識能量學很有興趣。霍金斯做了一個長達三十年的實驗，測試對象包括不同區域，橫跨北美、南美、北歐等不同種族、文化、行業、年齡的人，有好幾千人，經過精密的統計分析之後，發現人類各種不同的意識層次都有其相對應的能量振動頻率。

霍金斯博士運用現代科學的研究方法，把人類的意識映射到 1—1000 的頻率標度值範圍，一共劃分為 17 個能級。

人類意識能級分佈圖如下：

   1 開悟正覺：700~1000

   2 寧靜極樂：600

   3 平和喜悅：540

   4 仁愛崇敬：500

   5 理性諒解：400

   6 寬容接納：350

   7 主動樂觀：310

   8 信任淡定：250

   9 勇氣肯定：200

 10 驕傲刻薄：175

 11 憤怒仇恨：150

 12 慾望渴求：125

 13 恐懼焦慮：100

 14 憂傷無助：75

 15 冷漠絕望：50

 16 內疚報復：30

 17 羞恥蔑視：20 級以下

排列的元素（二）能量場即信息場即排列場

大衛·霍金斯實驗證實：人在不同的體格和精神狀態下身體和意識的振動頻率不一樣，振動頻率不一樣，也代表頻率攜

帶的信息不一樣。

根據愛因斯坦和普朗克的看法，萬事萬物都是能量，能量的聚集就形成了能量場，這些能量都傳遞著某種信息，那麼能量場就是信息場了。

認知場地理論（Cognitive Field Theory）

認知場地論簡稱場地論（Field Theory），為德裔美國社會心理學家勒溫（Kurt Lewin, 1890~1947）所提出的人格理論。運用物理學「場」（Fields）與「力」（Field Forces）的概念，探討個人日常的行為。場地論的基本觀念是說明人在環境生活的樣貌，人的遺傳、能力、性格、動機、情緒、健康狀況不同，影響著他在情境中與人的互動，而他所呈現出來的一切行為也會不一樣。

如果我們把「場」「動力」分開來看就比較容易理解這個理論，我們可以想像：在籃球「場」上，有兩隊人馬，相互廝殺，為自己的隊伍爭取勝利，各隊的隊員會有默契，誰是前鋒？誰是後衛？誰管投籃？誰管控球？誰管擋球？這一些職責的分配、隊友的合作、隊友的向心力、隊友的精神狀態和體能……等因素會創造出一種場域，在比賽時，兩隊交鋒也會產生「動力」，如此我們就明白何謂場地論。

在場域理論中可以用這六個概念來協助了解其中「動力」的運作力：

1. 角色（Role）——在這個場域中我的角色是？爸爸、哥哥、老闆……？

2. 規範（Norms）——在這個場域中我們運作的規則是？兄友弟恭、個人主義、競爭？

3. 權力（Power）——在這個場域中誰有主導權？誰有能力解決問題？

4. 凝聚力（Cohesion）——這個場域中的成員是否有向心力與歸屬感？

5. 一致性（Consensus）——這個場域中的成員價值觀是否類似，願意達成共同的目標？

6. 能量（Valence）——這個場域中的成員是否狀態飽滿，具有達成目標的潛力？

家族系統排列呈現出來的就是一種家人相處的場域，例如：這個家的兒子比較喜歡跟媽媽靠近；女兒最受爺爺疼愛；爸爸常常不回家，媽媽很哀怨；好在媽媽和奶奶感情很好……等不同的家族場域。

謝德瑞克的場域論

自心理學家勒溫提出了「場」與「力」的概念之後，英國

劍橋大學生化博士謝德瑞克（Alfred Rupert Sheldrake, 1942 一），是位細胞生物學家，他提出了「形態場域」（morphic field）的概念，他的研究與排列這方法的「代表」與「排列場」這二個元素更加接近。

謝德瑞克的「場」與「力」的觀點

謝德瑞克認為宇宙的演化有二條路徑：

一、整個宇宙是由「形態發生場」（morphogenetic field）所組成的，因基因的遺傳傳遞生命。「形態發生場」無所不在，以他的說法，以類比的方式來推演：身體是個「形態發生場」，家庭是個「形態發生場」、學校是個「形態發生場」、潛意識是個「形態發生場」、集體潛意識是個「形態發生場」。

二、是從外在的「形態形成場」（morphic field）中經由型態場震動共振（morphic resonance）相同的記憶所形成的。

形態（morphic）這字源於古希臘文 morphe，意思是形狀，而形態形成場（morphic fields）是一種自我組織的系統，能夠將各類的有機體如細胞、器官、生物群、腦等的作用等，組織、分類、成形。就像人的身體從一個受精卵開始分裂成長，慢慢分類為各種不同的細胞，眼睛的、內臟的、四肢的，逐漸分類成型。

「形態形成場」有一種內在的運作特性，即是相同特質的事會產生共振，謝德瑞克將所發生的同類事件稱為「形態共鳴」（morphic resonance），只要同樣的事情發生過幾次之後，因著共鳴，同樣的事情就能再度發生。同類的事情連續發生的「場」稱為「形態形成場」，任何人、事、物都在隨時隨地的共鳴著、相互感應著，使這些記憶持續發生。一旦形成了「形態形成場」，它的傳播就可以跨越空間與時間的限制。

每一個場都有自己的歷史和記憶，在心理活動的範圍稱為共同意識，也就是榮格提出的集體潛意識，二者內涵是一樣的。關於在個人之間共享的集體記憶，通過重複、合併特定行為，榮格將其描述為原型。

如果振動的頻率一樣，就會產生共振現象，也就是我們俗稱的共鳴，所有的樂器都利用共鳴來擴大音量，不是只有聲音有共鳴，萬事萬物只要頻率相同就會產生共鳴現象。我們會說，我聽到這種說法覺得很有共鳴，那就是在說我跟她／他有共同的想法或生命經驗，我的心被觸碰時產生的感受。在生活中我們會感覺到跟一些人比較好相處，跟一些人比較投緣，那是因為頻率相似，產生共振的緣故，把這原理類比到人的身上，可以這樣說：兩個人的關係越近，越容易產生共振現象。

阿爾布雷希特・馬爾（Albrecht Mahr, 1943－）是一名醫

生、精神分析師、心理治療師、他提出了認知場（Knowing Field）的看法，他明確地説他提出的認知場就是排列場。自 1990 年以來，他一直從事海寧格家族系統排列的工作。

我們來總結一下排列場這種現象的脈絡：社會心理學家勒溫（Kurt Lewin, 1890－1947）運用物理學「場」（Fields）與「力」（Field Forces）的概念，提出認知場地論簡稱場地論（Field Theory），探討個人日常的行為和其他人互動產生的張力。謝德瑞克（Sheldrake, 1942－）提出「形態形成場」（morphic field）與形態場震動共振（morphic resonance）的説法。

勒溫、謝德瑞克、馬爾三位學者提出「場」的概念，愛因斯坦、普朗克、霍金斯提出能量的概念，組合出信息場的概念，如果在這信息場我們聚焦於家族系統的能量上，這信息場就是家族系統排列場。

家族系統排列場是一種能量場，因此，家族系統排列是一種能量的工作，理解了這一點，我們就可以把系統排列的工作掌握得比較到位。

排列的元素（三）代表

要完成排列的工作除了有信息場之外，還有一個很重要的

元素，那就是代表，代表是把排列這個方法呈現出來的角色。也可以説排列這方法是透過代表來完成任務的，代表是把能量場呈現出來的人，所以缺少不了他。海寧格發現每一個人都有與生俱來的能力，能夠去感應任何一種能量，並且透過言語與動作表達出來，進入代表狀態不是特異功能，也不是宗教的力量，不需要特別的訓練。這種反應比較類似榮格（Carl Gustav Jung, 1875 － 1961）所説的直覺與洞察力，直覺指的是超越理性、情感的範疇，科學無法解釋它。

擔任代表的時候，就好比我們的身體是一個能量感知器和能量表達器，只要把心靜下來，我們自然而然能夠感受到我們所代表的人，他的心裡感受、他的身體感受，甚至有一些人能夠有內在的聽覺、內在的視覺、可以感應到當時事件發生的情景，可以感應到性別、年齡等等。謝德瑞克在他的書提到了動物的超強感應力，如鳥兒知道飛行的方向，狗兒知道主人快回家了等，謝德瑞克認為我們的大腦像電視、電腦終端機，經過型態共振連接到共同意識資料庫，在必要的時候大腦像個天線，接收外在環境場域的訊息，並可以雙向溝通，個體的記憶會跟共同意識資料庫做連結，上載（upload）或下載（download）資訊。

我們可以這樣想像：當我們進入代表狀態時，是打開我們的身心靈天線，我們下載家族集體潛意識大記憶庫的資訊，

用身體作為感應器和表達器，直觀的把感知到的告訴當事人。因為擔任代表能接受到場域裡的訊號，因此有一些人覺得當代表的經驗很「神奇」，但「成為一個代表」並不需要高深的訓練，幾乎是人人可以做到的事。有些人懷疑「自己在靈性上沒有天份」不可能成為代表，「靈性」這個模糊的指涉，跟能不能當代表沒有什麼關係。差別通常不在於「靈性」，而在於這個人對自己的身體經驗與感受不熟悉。有經驗且內在中立的人會是稱職的代表，代表很重要，他能如實的協助能量的呈現。

為何每個人都具有當代表的感知能力？目前科學尚未能夠證明，但海寧格同意謝德瑞克關於「形態發生場」與「形態形成場」的看法，我個人這樣類推：有一些人的感知力比一般人強大，這些人形成的「場」即是「形態發生場」，人與人之間會有共振（共鳴），「形態形成場」之間也會產生共振，稱為「形態共鳴」（morphic resonance），因著共鳴，同類事件連續發生的場為「形態形成場」，一旦形成了「形態形成場」，它的傳播可以跨越時空，非常快速，也就是說在甲地發生過的事情，只要累積的次數夠多，在乙地方也會因著共鳴而發生一樣的事情。

每個場都有自己的歷史，也會慢慢形成集體潛意識，也就是所謂的共同意識，因此現在世界各地的人，不分地區、不分人種、不分年齡、不分教育程度，只要靜下心來，就可以擔任代表。

雖然目前科學無法說明代表為什麼可以感知到其他人，但我們仍然可以運用這個與生俱來的能力，來協助受困的人。畢竟在牛頓沒有發現地心吸引力原理之前，人類已經運用重力加速度做了許多事。

當代表的好處

排列工作將每個人的樣貌，以「代表」的形式呈現在這個團體的面前。所以尊敬排列場，就是看見自己的生命與別人的生命，所以我們可以共同向前。如果我們帶著尊敬進入並離開代表，意味著我們先把自己的問題放一邊，體驗別人生命故事，以及生命的壓力，拓展我們的感官感受。

有人說「不經一事，不長一智」，因為「經驗」給人「當下的」感受。正向的經歷，給人智慧。這些人往往會說：「我真的經歷過，於是我懂了、我放下了」，有勇氣的承擔會給人釋懷的放鬆。但如果總是要經一事才能長一智，代價也是很大的！

在排列場上當代表，只要把自己的身體放輕鬆，讓自己的身體開始「感受自己的身體」，就能夠發現每個人的身體都好像一種訊號的接受器。經由排列代表的設定，感受到代表人物經歷的感官感受。也就是說，擔任代表是一種透過他人生命經驗學習的機會，在不付出慘痛生活經驗的代價下，擴展生命視野，並且能站在「別人的立場」而有所體會。

第五章・家族系統排列是如何進行的？

　　排列工作是在能量上工作，是在「場域」上工作，也可以說是在能量場工作。

　　一個排列工作坊，到場的所有人就是共同創造出一個能量場。要比較清楚感受甚麼叫「能量場」，可以去教堂，或是廟會感受那邊的「氣氛」。譬如有人會說：「聖誕夜要到了，我一定要去教會，感受一下那邊的氛圍。」因為在這個時刻，教會裡面有一個相同的能量叫「慶祝耶穌誕生」。而在廟會呢？通常可以感受到熱鬧、虔敬種種的氛圍，例如媽祖繞境也創造出一種能量場。

　　每個人各自擁有自己的個人場域與個人能量。個人場域就是由一個人的生命種種組成，來自與生長環境、跟誰相處、透過那些活過的經歷而習得的內在態度。所以即便一個完全不懂排列工作的人，他也常會以這樣的表達：「我喜歡這個人的氣質。」或是「我看這個人，覺得他好沉重喔，我不敢跟他說話。」來體察他在別的個體身上感受到的「氣質」。「場域」講的很學術。但也可以簡化理解成「能量」或「氣氛」。

　　當人們感受自己的困境，並且選擇用家族系統排列的方法來走出困境，於是會選擇參加一個家族系統排列工作坊，原則

上家族系統排列工作是團體的性質，有一個排列師和一些來訪者組成的工作坊，有時因著緊迫性，一時找不到代表，或者有隱私性，就會選擇一對一的系統排列，只有排列師和來訪者兩個人的排列。

而排列的場域如何形成呢？排列工作可以說是每個人，帶著他的生命故事與生命經驗，在排列工作坊中貢獻出來，形成了一個集體的場域。當大家聚在排列場上，就是大家貢獻出自己的那一份生命，每一個人的生命都帶著自己家族的故事，都是值得我們尊敬與尊重的，因為每一個人都是在自己的生命旅程中摸索前行，起起伏伏，跌跌撞撞，努力地、奮力地前進。排列場就是每個人在摸索生命的過程中的一場相遇。

因此，我們也要對排列場抱持敞開的態度。當然，來到排列場的每個人，必然也帶著困擾，問題、困境，想來找出路的心情。抱著這樣心願的同時，來到排列場，「敞開」自己，盡可能的「不預設立場」，不去論斷什麼是對、我比較好、或比較壞的，甚至放棄我一定非得學到甚麼的執著，而能「看見」排列場上發生的事，讓這些畫面進入到自己心裏面，感受那些被觸動的部分，於是我們的內心會感覺到被重整、被洗滌、被療癒。

第六章・全新的學科——家族系統排列

　　海寧格說：家族系統排列在本質上就和心理治療有所差異，（註1）它遠遠超過心理治療的範疇，如果我們試著將之定義為某種心理治療的學派，它會像水一樣從手中流掉，而我們會徹底地錯過。（註2）因此我們知道海寧格很清楚自己的定位，家族系統排列是它自己，它有系統、有脈絡、有來源、有中心思想、有全新操作方法與方式，它是一門全新的學科——家族系統排列。

　　以我個人的看法，從心理學的範疇來說，海寧格是心理學界的貝多芬，從排列的範疇來說：海寧格是發展出排列的第一人，稱他為排列之父是理所當然的。

　　貝多芬在他晚年寫交響曲寫第九交響曲《合唱》時，已經全聾了，但他用他的心聽到了天國的音樂，海寧格用排列直觀到宇宙的道，二者的境界一樣高，我願用合唱的歌詞——快樂頌作為本章的結束。

德文原文[1]	鄧映易所譯之通行譯文	直譯譯文
O Freunde, nicht diese Töne! Sondern laßt uns angenehmere anstimmen, und freudenvollere. Freude! Freude!	啊！朋友，何必老調重彈！ 還是讓我們的歌聲 匯合成歡樂的合唱吧！ 歡樂！歡樂！	啊！朋友，不要這些調子！ 還是讓我們提高我們的歌聲 使之成為愉快而歡樂的合唱！ 歡樂！歡樂！
Freude, schöner Götterfunken Tochter aus Elysium, Wir betreten feuertrunken, Himmlische, dein Heiligtum! Deine Zauber binden wieder Was die Mode streng geteilt; Alle Menschen werden Brüder, Wo dein sanfter Flügel weilt.	歡樂女神聖潔美麗 燦爛光芒照大地！ 我們心中充滿熱情 來到你的聖殿裡！ 你的力量能使人們 消除一切分歧， 在你光輝照耀下面 四海之內皆成兄弟。	歡樂，天國的火花， 極樂世界的仙姬； 我們如醉如狂， 走進你的聖地。 習俗使人各奔東西， 憑你的魔力手相攜， 在你溫存的羽翼下， 四海之內皆兄弟。

Wem der große Wurf gelungen,	誰能作個忠實朋友，	誰算得上非常幸運，
Eines Freundes Freund zu sein;	獻出高貴友誼，	有個朋友心連心，
Wer ein holdes Weib errungen,	誰能得到幸福愛情，	誰有一個溫柔的妻子，
Mische seinen Jubel ein!	就和大家來歡聚。	請來同聚同歡慶！
Ja, wer auch nur eine Seele	真心誠意相親相愛	真的，只要世上還有
Sein nennt auf dem Erdenrund!	才能找到知己！	一個可以稱知己，
Und wer's nie gekonnt, der stehle	假如沒有這種心意	否則離開這個同盟，
Weinend sich aus diesem Bund!	只好讓他去哭泣。	讓他偷偷去哭泣。
Freude trinken alle Wesen	在這美麗大地上	一切眾生吸吮歡樂，
An den Brüsten der Natur;	普世眾生共歡樂；	在自然的懷抱裡，
Alle Guten, alle Bösen Folgen ihrer Rosenspur.	一切人們不論善惡 都蒙自然賜恩澤。	她那玫瑰色的足跡， 善人惡人同追覓，
Küße gab sie uns und Reben,	它給我們愛情美酒，	甜吻，美酒，生死之交，
Einen Freund, geprüft im Tod;	同生共死好朋友；	都是歡樂所賜予，
Wollust ward dem Wurm gegeben,	它讓眾生共享歡樂	蟲豸也和神前的天使，
Und der Cherub steht vor Gott.	天使也高聲同唱歌。	一同享受著生命。

Froh, wie seine	歡樂，好像太陽運行	歡喜，好像太陽飛行
Sonnen fliegen	在那壯麗的天空。	在天上壯麗的原野裡，
Durch des Himmels	朋友，勇敢的前進，	兄弟們，趕你們的道路，
prächt'gen Plan,	歡樂，好像英雄上戰	快樂地，像英雄走向勝
Laufet, Brüder, eure	場。	利。
Bahn,		
Freudig, wie ein Held		
zum Siegen.		
Seid umschlungen,	億萬人民團結起來！	擁抱吧，萬民！
Millionen!	大家相親又相愛！	這一吻送給全世界！
Diesen Kuß der	朋友們，在那天空上，	兄弟們，星空的高處，
ganzen Welt!	仁愛的上帝看顧我們。	定住著慈愛的天父。
Brüder, über'm	億萬人民虔誠禮拜，	萬民，可曾跪倒？
Sternenzelt	拜慈愛的上帝。	可曾認識造物主？
Muss ein lieber Vater	啊，越過星空尋找他，	越過星空尋找吧，
wohnen.	上帝就在那天空上。	他定在星際的盡頭！
Ihr stürzt nieder,		
Millionen ?		
Ahnest du den		
Schöpfer, Welt ?		
Such' ihn über'm		
Sternenzelt!		
Über Sternen muss er		
wohnen.		

反覆：
Seid umschlungen,
Millionen!
Diesen Kuß der
ganzen Welt!
Brüder, über'm
Sternenzelt
Muss ein lieber Vater
wohnen.
Seid umschlungen,
Millionen!
Diesen Kuß der
ganzen Welt!
Freude, schöner
Götterfunken
Tochter aus Elysium,
Freude, schöner
Götterfunken!

反覆：
億萬人民團結起來！
大家相親又相愛！
朋友們，在那天空上，
仁愛的上帝看顧我們。
億萬人民團結起來！
大家相親又相愛！
歡樂女神聖潔美麗
燦爛光芒照大地！
燦爛光芒照大地！

反覆：
擁抱吧，萬民！
這一吻送給全世界！
兄弟們，星空的高處，
定住著慈愛的天父。
擁抱吧，萬民！
這一吻送給全世界！
歡樂，天國的火花，
極樂世界的仙姬。
歡樂，天國的火花！

資料來自網路：https：//zh.wikipedia.org/zh-tw/歡樂頌

（註1）《心靈活泉：海寧格系統排列原理與發展全書》，p18

（註2）《在愛中昇華－海寧格智慧精華》

第二部

家族系統創傷
的療癒

第一章・家系圖

　　為了幫助初學者看懂排列的重點之處，轉動內在的關鍵點，學習潛意識運作的原理原則，書中作了標示及解析，期待讀者能比較容易理解排列，用故事說明增加生活化及親切感，也便於運用在自己的生命中。排列脈絡解析後面安排了小練習，也希望讀者能按照指示操練，知行合一必能得到成長和生命的蛻變。為了使初學者了解家族關係，在故事中也加入家系圖，茲將家系圖的原標示方法說明於下：

　　家系圖（Genogram）又稱家族樹（Family Tree），是用符號、圖形，和不同的線條來描述：家庭結構、成員之間的關係（父、子、女兒、祖父……）、成員間彼此互動的樣貌（親、疏、遠、近……）以及家族中所發生的歷史事件、病史等。可完成系統化的記錄，方法簡單，記錄詳盡，圖示明瞭，易於觀察。能夠縱向、橫向的了解家族結構、關係及功能。

繪製原則：

1. 從個案這一代開始繪製，向上下延伸，一般包含三代或三代以上的人。

2. 長輩在上，晚輩在下；同輩中，長者在左，幼者在右，依長幼次序排列；夫妻關係中，男在左，女在右。

3. 在每個代表人的符號附近，可以在標上：姓名、出生年月日、

年齡或重大生活事件發生的時間（結婚、離婚的時間）；任何
成員死亡（包括死亡的年齡、日期及死因）；家中成員的重要
疾病或問題，如：遺傳病、慢性病、癌症等。

家系圖符號說明

基本符號

男性與女性		同性戀			變性人	
男性	女性	男同性戀	女同性戀	雙性戀	男變女	女變男
□	○	▽	▽	▽	⊡	⊙

- -

出生年	年齡	死亡	地點或年收入
41-	82-	1950-2020	美國 $90,000 82-
□	[38]	⊠	○
記在符號上方	記在符號中間	死亡年在符號上方 符號內畫 X 和寫上死亡的年齡	記在生年之上

- -

移民	住在兩個以上 的文化地區	家庭秘密	治療或機構安置	寵物
□	□	▲	□	◇

伴侶關係

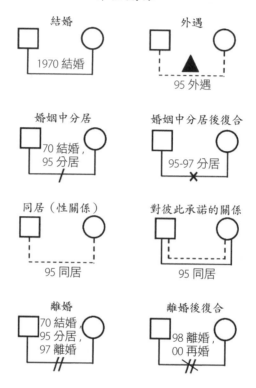

結婚
1970 結婚

外遇
95 外遇

婚姻中分居
70 結婚，
95 分居

婚姻中分居後復合
95-97 分居

同居（性關係）
95 同居

對彼此承諾的關係
95 同居

離婚
70 結婚，
95 分居，
97 離婚

離婚後復合
98 離婚，
00 再婚

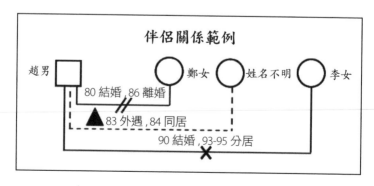

伴侶關係範例

趙男　　　　　鄭女　　姓名不明　　李女
80 結婚，86 離婚
83 外遇，84 同居
90 結婚，93-95 分居

子女

最年長的在左邊，並依出生順序排列

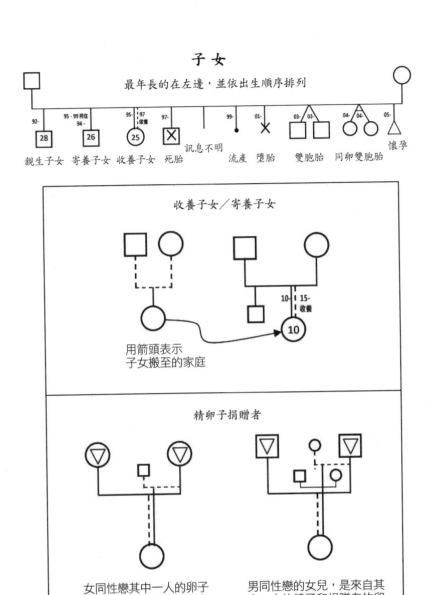

親生子女　寄養子女　收養子女　死胎　　訊息不明　　流產　墮胎　　雙胞胎　同卵雙胞胎

收養子女／寄養子女

10- | 15-
　　收養

用箭頭表示
子女搬至的家庭

精卵子捐贈者

女同性戀其中一人的卵子
和精子捐贈者生下的女兒

男同性戀的女兒，是來自其
中一人的精子和捐贈者的卵
子，並由代理孕母懷胎生下

人際之互動模式

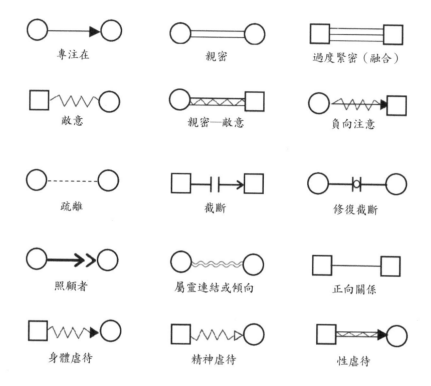

專注在　　　　　　親密　　　　　　過度緊密（融合）

敵意　　　　　　親密—敵意　　　　　　負向注意

疏離　　　　　　截斷　　　　　　修復截斷

照顧者　　　　屬靈連結或傾向　　　　　正向關係

身體虐待　　　　　精神虐待　　　　　　性虐待

成癮、身體或精神疾患或其他問題

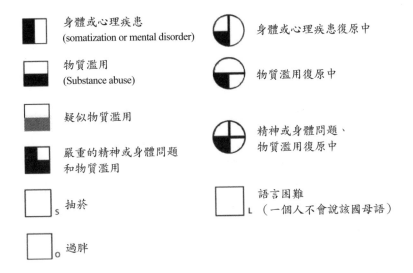

身體或心理疾患
(somatization or mental disorder)

身體或心理疾患復原中

物質濫用
(Substance abuse)

物質濫用復原中

疑似物質濫用

嚴重的精神或身體問題
和物質濫用

精神或身體問題、
物質濫用復原中

抽菸 S

語言困難 L
（一個人不會說該國母語）

過胖 O

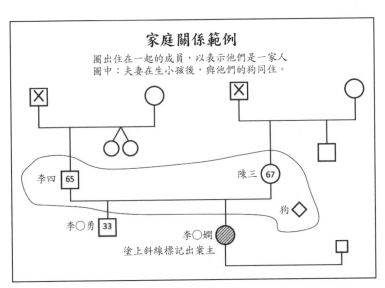

家庭關係範例

圈出住在一起的成員，以表示他們是一家人
圖中：夫妻在生小孩後，與他們的狗同住。

李四 65

陳三 67

狗

李○勇 33

李○嫻

塗上斜線標記出案主

第二章・隱藏於家族系統創傷中愛的故事

　　家族系統排列是一種家族治療，是以系統觀來看個人的困境，個人的問題與家族息息相關，因此家族系統排列是在療癒家族的創傷，每個創傷與困境都來自於尚未成熟、捨我其誰的愛。

　　人生的每一個故事都很珍貴，值得我們用心體會，接下來我選了十二個真實故事，想跟讀者分享，故事的骨架內涵都是原汁原味的，但是姓名、國籍，工作，性別，會在不影響動力的原則下加以改寫，目的是保護、尊重故事主人的隱私。

　　感謝故事的主人與您的家人，您們的經驗是我們的老師，豐富了我們的生命。我向您們鞠躬。

　　在我接觸排列之初，看到排列師進行排列時如行雲流水，非常流暢也非常神奇，移動了代表的位置，或請代表說出了某些話，或一個人與另一個人有了視線的接觸，場域就會開始改變，情緒也流動了起來，隱情即刻水落石出，於是心靈開始轉化，糾葛得到鬆綁，人會變得既輕鬆又自在，似乎在變魔術一樣，引發了我極大的好奇心，經過用心學習和累積十數年的排列經驗，找出一些關鍵點加以解析並說明家族系統創傷的脈絡，希望能協助讀者對家族系統排列的精隨能夠深入消化吸收，如庖丁解牛，雖然是龐然大物也可以迎刃而解。

　　家族系統中集體潛意識的運作原則：序位原則、整體原

則、平衡原則、事實原則、流動原則，也會在這 12 個可貴的
生命故事中細說清楚。

故事（1）我全然接受妳給我的生命

用死換來的生命讓人承受不起，因承受不起而不敢接受，讓死
變得沒有意義

在系統排列工作坊，佩璇跟大家分享她的心情。

「我做過幾次排列，始終無法感謝母親給我生命，無論如何，
我就是無法採取行動向母親致謝。」（ 解析一 ）

「我跟母親的距離很遠，不知道為什麼我對她總是有『愧
疚感』，我很想『還』她些什麼，可是怎麼還都覺得還不夠。
母親給我的任何東西我都不敢『收』，我只想『給』。」（ 解
析二 ）

「我好想知道為什麼會這樣。」佩璇說出她參加此次工作
坊的心願。

「好，我們來看看妳跟妳母親之間到底發生什麼事？」

【排列過程】

說明：在排列過程中有加引號的指的是代表，沒有加引號的指的是本人，所以「佩璇」是代表，佩璇是本人。

一、排列師請佩璇選兩位學員分別代表「佩璇」和「母親」。

進入感知狀態後，「母親」的身體搖晃，倒退兩三步之後，跌倒躺在地上。**她的臉上呈現痛苦的表情，張著嘴巴大口大口的喘息，沉重的呼吸讓她的胸膛起伏很大，並且不斷發出「哎唷一乙一乙一」的呻吟聲。她的雙手好像被綁起來，在大腿旁扭來扭去掙扎個不停。**（解析三）

「妳的母親曾經面臨過生命危險的事嗎？」排列師問佩璇。

「我的母親生我時難產，差點死掉。」

二、佩璇話才說完，「佩璇」轉過頭來看著躺在地上的「母親」，**好久，才向母親移動兩小步，就閉起眼睛停住了。**「母親」很著急，她奮不顧身用力「啪一啪一」拍掌兩下，試著喚醒沉睡的女兒。**「佩璇」很努力張開沉重的眼皮，夢遊似的向前移動兩小步，又闔眼睡著了。**（解析四）

三、「啪一啪一啪一」，「母親」再次拍掌。「佩璇」半夢半醒的向前再移動兩小步又停住了……就這樣一路走走，停

停，好不容易才走到母親跟前。「母親」伸出雙臂擁抱了「佩璇」。

　　母女擁抱了一會兒，排列師拿出軟墊，讓「佩璇」和「母親」躺在墊子上，就像嬰兒躺在媽媽身邊一樣。剛開始，**「佩璇」有些掙扎，拳打腳踢，好一陣子才安靜下來。**（ 解析五）**排列師花很長的時間，讓這對母女靜靜的躺著。**（ 解析六）四、好久，排列師才請「佩璇」對母親鞠躬。

「媽，感激妳冒著生命危險生下我。」

「我瞭解妳的愛是無條件的。」

「媽，我全然接受你給我的生命。」（ 解析七）

　　「媽，我全然接受你給我的生命⋯⋯」佩璇流著淚，終於明白她無法向母親致謝的原因。

　　排列結束後，佩璇表示她願意學習：「承受得起」母親用生命把她生下來的事實。

【案例系統脈絡解析】

◎ 解析一

　　佩璇說：**「我做過幾次排列，始終無法感謝母親給我生命，無論如何，我就是無法採取行動向母親致謝。」**

　　兒女向母親致謝本是一件非常自然、容易的事，為什麼對

佩璇來講那麼困難？何況佩璇還做過幾次排列，難道都無效？這引起學員和排列師的好奇，所以就請佩璇第一個做排列。

當參與排列的個案對於自己的議題並不清楚時，排列有可能在議題外圍環繞，無法針對問題聚焦。譬如佩璇如果在前幾次的排列只是圍繞在：「我想改善與母親的關係，我跟她的距離很遠……」的焦點，排列的方向可能就無法往「向母親致謝」的方向移動了。

有可能，幾次排列下來，佩璇才漸漸釐清自己的核心問題，聚焦在「無法向母親致謝」這議題。有經驗的排列師一聽，就明白她問題的背面有一股「承受不起」的情緒。

◎ 解析二

「不知道為什麼我對母親總是有『愧疚感』，我很想『還』她些什麼，可是怎麼還都覺得還不夠。母親給我的任何東西我都不敢『收』，我只想『給』。」

為什麼佩璇對母親總是有「愧疚感」？其實這份愧疚感打從她在娘胎就已形成，小小嬰兒的她，在產道就感受到母親生產的痛苦，就明白母親冒著生命危險生她，因此在潛意識中對母親有著深深的「愧疚感」。

佩璇「承受不起」母親用生命生她的事實，因此只想付出，不敢接受母親給的任何東西，唯恐多接受一分，就再添增

一分歉疚和心理壓力。

這種想藉「還」來平衡因接受產生的愧疚感，就好像我們接受別人貴重禮物時，會覺得不好意思、有罣礙，很想找機會回報給對方些什麼，讓自己內心好受一點，不欠別人的情。

這是家族系統中集體潛意識運作的平衡原則。

平衡原則

「施」與「受」要保持平衡

「平衡」是宇宙最基本的法則，它不僅是大自然重要的規律，同時也是人際互動的基礎。要如何讓人與人之間關係更為圓滿成功？秘訣在於──保持「施」與「受」的平衡。

然而在「施」與「受」之間，我們會經歷「愧疚感」和「清白感」的交互作用。譬如當我們得到而別人卻要付出時，良知會讓我們經驗到「不舒服」的感覺，因而產生「愧疚感」。於是為了免除不舒服的愧疚感，我們會做一些事回報對方，讓我們的良知感覺「舒服」，因而產生「清白感」，序位原則有時也與清白感和愧疚感有關。

所以，如何保持「施」與「受」的平衡是一門藝術。平衡原則則探討了：兩性之間如何平衡？親子之間如何平衡？金錢與責任如何平衡？以及對工作、公司、主管、國家社會、大自然又該如何平衡？為我們提供參考準則。

以本篇親子之間的平衡為例，它提到：親子關係永遠無法達到「施」與「受」的平衡。父母給子女珍貴的生命，而子女

永遠無法「生」父母，給予父母生命，這是天生的不平衡。因此，子女無需感到承受不起和愧疚，只需要像父母一樣把生命一代一代傳下去，讓生命流動就好。

序位原則——不敢純然接受母親冒生命的危險而給予的生命，違反了序位原則，在家庭的序位父母是大的，孩子是小的；因此父母是給予者，孩子是接受者。

◎ 解析三

進入感知狀態後，「母親」的身體搖晃，倒退兩三步之後，跌倒在地上。**她的臉上呈現痛苦的表情，張著嘴巴大口大口的喘息，沉重的呼吸讓她的胸膛起伏很大，並且不斷發出「哎唷一ㄛ一ㄛ一」的呻吟聲。她的雙手好像被綁起來，在大腿旁扭來扭去掙扎個不停。**

排列師根據代表所呈現的狀態，初步判斷疑似「生產的過程」，為了進一步求證，才會問個案：「你母親面臨過生命危險的事嗎？」。

「我的母親在生我時難產，差點死掉。」佩璇的回答證實了這個感知狀態是「生產過程」。

「大膽假設，小心求證。」正是排列師在排列中不斷經歷的過程。

◎ 解析四

「佩璇」轉過頭來看著躺在地上的「母親」，**好久，才向母親移動兩小步，就閉起眼睛停住了。**「母親」很著急，她奮不顧身用力「啪一啪一」拍掌兩下，試著喚醒沉睡的女兒。**「佩璇」很努力張開沉重的眼皮，夢遊似的向前移動兩小步，又闔眼睡著了。**

「啪一啪一啪一」，「母親」再次拍掌。「女兒」半夢半醒的向前再移動兩小步又停住了。

以上是胎兒在產道走走，停停，不順暢的「難產狀態」。

◎ 解析五

「佩璇」躺在「母親」身邊，剛開始有些掙扎，拳打腳踢，好一陣子才安靜下來。

這一幕代表狀態呈現：剛開始佩璇抗拒母親冒生命危險生她的事實，後來走出愧疚感接受母親給她的生命。

◎ 解析六

排列師花很長的時間，讓這對母女靜靜的躺著。

這個動作幫助佩璇母女重新連結，讓她們的關係再度緊密。

當親子失去連結，愛就無法流動，子女自然無法向父母感恩，親子關係也不會親密。

◎ 解析七

「媽，感激妳冒著生命危險生下我。」
「我知道妳的愛是無條件的。」
「媽，我全然接受妳給我的生命。」

「生產」對母親而言，是一件冒著生命危險的事。

可是為人母者，不會因為生產危險就不生育，她們勇敢「產出」小嬰兒，迎接新生命的到來，這就是媽媽偉大之處。所以，姑且不論日後母親是否稱職，光就「生產」這件事，母親就已經是 100 分了。

排列師藉以上三句話讓佩璇瞭解：母親生產是天職，是無條件的愛，不求回報，子女只要懷著感恩接受母親給的生命就好。

當佩璇「接受」、「感恩」母親給她的生命，心中的愛流動了，她才有辦法走出愧疚，親近母親，享受無負擔的母愛。

這是家族系統中集體潛意識運作的流動原則。

流動原則

接受，並且感恩生命的源頭，生命力就能向前流動。

　　生命力就像一條河流，不斷向前流動。要如何讓生命之河順暢前進？本篇提到了：接受生命的來源，向生命的源頭感恩致謝。

　　生命的源頭來自父母。父母親不單給孩子生命，同時也給孩子一個家，撫養、教育、保護、關心孩子……。父母給予孩子的遠遠超過孩子所能回報，在回報中最令他們感到喜悅的，莫過於孩子將他們所付出的一切，當成一份珍貴的禮物，常常對他們說：「我帶著愛，接受你們所給予的一切。」

　　父母對孩子的愛就像水往下流，永不間斷，為孩子的心田帶來豐盛和滿足。當孩子成年建立自己的家庭之後，他們會效法父母，將愛之流往下傳遞，一代接一代，讓生命之河增長壯大，持續向前流動。

【採取行動，讓愛流動】

　　佩璇回家後，若仍然感覺跟母親有距離，一定要回到「感恩」。她可以勉勵自己：

一、常常對母親說：「謝謝妳給我生命。」

二、節日時，寫張卡片或送個禮物給母親，衷心表達謝意。

三、把握各種機會向母親言謝。感謝之情若説得出口，表示已經能夠全然接受母親給她的生命；若説不出口，表示還無法接受。

【進入內在，讓愛流動】

如果你也有類似的情況，你的媽媽在生產你的時候，遇到了極大的困難或者真的失去了生命，我們都要珍惜並接受透過媽媽傳到你身上的生命。

一、可以找一個安靜的空間，靜靜的坐下來，閉上眼睛，給自己三個深呼吸，每吸一口氣感覺自己更加的放鬆，每吐一口氣感覺自己更加的深沉。

二、接下來運用你的想像力，請媽媽安穩的坐在椅子上，你坐在她的腳前，你在內在對媽媽説：

「妳是我的母親，謝謝妳給我生命。我從妳那兒領受到這份偉大的禮物，以及所有隨之而來的一切。」

「感謝妳為我付出的一切，我也會像妳一樣付出。我會用我的生命做些什麼來記得妳，讓生命不會白費。」

「對我而言，妳是我最恰當的母親，我是妳最恰當的孩子。你是大的，我是小的，你給予，我接受。」

三、繼續運用你的想像力，感受你的生命從媽媽那裡流入自己

的身體裡，像瀑布一樣不斷的流入，我們只是全然的接受，然後將這個生命發揚光大。

四、並且在此省思一下，自己想用從媽媽那裡得來的生命成為一個怎樣的人？自己最擅長的事是什麼？最得心應手的事是什麼？做了會最快樂的事是什麼？做了永不會疲憊的事是什麼？

五、確定了內容之後，告訴媽媽：我用你給我的生命去做最大的發揮，貢獻給非常多的人。請你深深的祝福我。在這裡接受媽媽的祝福直到你滿意的時候，慢慢的張開眼睛回到這一個空間來。

故事（2）媽媽的秘密

秘密是人生常態，但不屬於自己的父母。

筱茵看起來是一個滿注重服裝儀容的少婦，每次在排列工作坊看到她，總是穿著粉紅色的休閒服、桃紅色的運動鞋，綁著馬尾頭，頭髮紮得緊實而光亮，她有一張瓜子臉，嘴角旁映著兩個小酒窩，笑起來十分甜美，她不說，沒人知道她長期受恐慌和強迫症所困擾，每天睡眠時間不超過四個小時。

「我今天想排那『深不見底的恐懼』，到底為什麼我時常會沒由來的陷入恐懼？」筱茵直接切入議題。

【排列過程】一（筱茵的排列）

說明：在排列過程中有加引號的指的是代表，沒有加引號的指的是本人，所以「筱茵」是代表，筱茵是本人。

一、排列師請筱茵找兩位學員分別代表「筱茵」和「恐懼」。只見「筱茵」一看見「恐懼」就移動到牆角，**而「恐懼」代表的眼睛則一直盯著地上看。（解析一）**

排列師找一位學員躺在地上，代表筱茵家沒被看見的「死者」。「恐懼」看見這個「死者」後也退到牆角，與「筱茵」

代表站在一起。（解析二）

　　排列師問筱茵：「妳有手足沒有活下來嗎？」，筱茵表示她是長女，她並沒有弟弟、妹妹沒存活下來。

二、排列師做了一個測試，他找兩位學員代表筱茵的「父親」、「母親」，觀看他們與「死者」的互動。只見「父親」、「母親」代表彼此站得很遠，感覺兩人的關係很生疏。

　　「父親」代表遠遠的看著地上的「死者」，一副事不關己的樣子。「母親」代表漸漸靠近「死者」，兩度伸手想觸摸「死者」卻又縮手，**她帶著愧疚，不敢正視「死者」，可是又熬不過內心的煎熬，終於蹦出一句：「孩子……」，掩面大哭。（解析三）**
　　「看來，這個躺在地上的死者，真的是妳的手足。」排列師對筱茵說。

三、「我想起來了，有一次我陪母親去看婦產科，護士問我媽：『妳曾經拿掉過孩子嗎？』，我母親回答：曾經拿掉過一個孩子，當時我不解的看著我母親，她尷尬的對我笑一笑。」

四、排列師又做了一個測試，他安排一個代表進場域，卻沒說這個代表是誰。只見「這個人」看見地上的死者，臉上呈現哀

傷的表情，一步一步走近死者。「父親」代表對「這個人」非常的憤怒，他一步一步逼近「這個人」，「這個人」只好一直往後退。「母親」代表看見「這個人」出現後停止哭泣，她勇敢的撫摸死去的孩子，舉止間流露出母性的光輝。

「我加入的這個代表是『另一個男人』。**也許，躺在地上的孩子是妳『同母異父』的手足。（解析四）**

也許不是；無論如何，他是你們家的一份子，如今被看見了。」排列師對筱茵說。

此時，「恐懼」代表已悄然離開「筱茵」了。（解析五）

五、最後，排列師請「筱茵」靠近地上的「死者」，對他說：「我看見你了，你是我的家人，我愛你。」

結束筱茵的排列後，排列師告訴所有的學員：

「這是『媽媽的秘密』，**對於『秘密』只有保持尊重的態度，不需要把它說出來。**此排列的重點不在發現秘密，而是看見家族中一個沒存活下來的孩子。看見了，療癒就開始了。」。**（解析六）**

在排列場中，所呈現出來的能量會震動人心，尤其有類似經驗的人會產生共振的現象，也稱共鳴現象。

「媽媽的秘密？……媽媽的秘密！……」一同來上課的清美雙手按著胸口，不斷地重複這句話，愈重複眉頭越深鎖，臉上的表情也愈加痛苦。

「清美，妳怎麼了啦！」排列師關心的問。

「我不知道為什麼聽到『媽媽的秘密』這幾個字之後，胸口好悶、好痛，幾乎不能呼吸。」清美邊說邊捶著胸，看起來真的很難受的樣子。

「也許，妳跟『媽媽的秘密』共振了。」（解析七） 排列師請清美到前面，為她展開排列工作。

【排列過程】二（清美的排列）

一、首先，排列師請清美選出「清美」代表和「胸悶」代表。「清美」代表一看見「胸悶」代表就後退，並且眼睛盯著地上。

二、照例，排列師請一位學員代表「死者」躺在地上。只是不知道這位死者到底是誰？只好再做個測試。

三、排列師請清美找兩位學員代表她的「父親」和「母親」。當「父親」代表看見地上的死者，馬上別過頭不願看死者。「母親」代表顯得有些心虛，一會兒看看先生，一會兒又看看死者。

「孩子啊！媽對不起你。」許久，母親神情悲傷又愧疚，終於道出死者的身份。

　　「哼！」聽到這句話，父親生氣的走開了。

　　「看來，你父親與這個孩子並沒有什麼關係，會不會這個孩子的父親另有其人？」排列師對清美說完話，立即又做了一個測試。

四、排列師找一位學員代表「另一個男人」，觀看這個男人與孩子的互動。果真，「另一個男人」與「父親」代表的反應截然不同，他一看見地上的孩子馬上靠過去，蹲下來輕撫孩子的背。

五、「到底誰要為這孩子的死負責？」排列師找了一位「負責人」代表進入場域。

　　「負責人」代表一出現，一副頤指氣使、咄咄逼人的樣子，逐漸把「母親」代表逼到牆角。「母親」代表顯得侷促不安。

六、就在這時，「另一個男人」一個箭步衝到「母親」代表前面，雙手叉腰，試圖為她擋下所有的責難。說也奇怪，這回「負責人」代表強勢的氣焰不見了，反倒是隨著「另一個男人」一步一步的逼進，他心虛的一步一步退後，退到牆角，實在是無路可退了，突然，把臉埋進胳臂，虛弱而顫抖的哭：

「我不是故意的，我不是故意的……。」

「我認出來了！從『負責人』代表的神情和氣勢，我認出她就是我的『姑姑媽媽』……」清美說她出生一個月大，就被送給不能生育的姑姑當女兒。

七、「看來，這個孩子是我『同母異父』的兄弟姐妹，我尊重大人間的秘密，不涉入其中。」清美明理的說。

排列師請「當事人」代表向「母親」代表恭敬的說：「媽，我尊重妳的秘密，在秘密方面，我要跟妳有個距離。」說完，請當事人代表後退一步。

八、接著，排列師請「當事人」代表對「死者」說：「我看見你了，你沒有活下來，而我卻活下來，我為你感到心痛，我會把你放在我心中。」

排列到此，已真相大白。清美謝謝排列師和所有的代表，她表示現在胸悶好多了。

「以前，我一直不明白『姑姑媽媽』為什麼有時候對我好，有時候卻把我當仇人的女兒，常常拿我當出氣筒，現在我終於明白了……」清美感慨的說出她的發現。

「記得有一次，『姑姑媽媽』一邊打我，一邊歇斯底里的哭：『我討厭妳，看到妳，就好像看到妳矮仔老母……』。原來，『姑姑媽媽』知道這個秘密，她生氣我生母給她的弟弟戴

綠帽，所以把對生母的氣憤投射到我身上。」

　　「給『姑姑媽媽』做女兒已經五十七年了，沒想到在她過世不到一年的今天，我明白真相。」清美語帶哽咽，回到座位時已哭成淚人。

　　誰也沒想到一場排列，揭露了兩個媽媽的秘密；而她們的孩子都願意把秘密悄悄放在心上，默默紀念那個沒有存活下來的手足。

動力家系圖（筱茵）

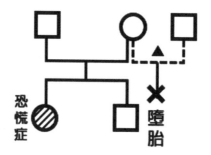

動力家系圖（清美）

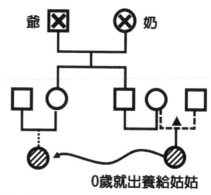

【案例系統脈絡解析】

◎ 解析一

「恐懼」代表的眼睛一直盯著地上看。

在排列中，如果代表的眼睛「盯地上看」，通常意表這裡可能有「死亡」的動力，有經驗的排列師會針對這個看見，優先做測試。

◎ 解析二

排列師找一位學員躺在地上，代表筱茵家沒被看見的「死者」。「恐懼」看見這個「死者」後，退到牆角，與「筱茵」站在一起。

排列師做「死者」測試後，發現「恐懼」退到牆角，與「筱茵」代表站在一起，這表示當事人的恐懼確實與死者有關。

◎ 解析三

「母親」帶著愧疚感，不敢正視死者，可是又熬不過內心的煎熬，終於蹦出一句：「孩子……」，掩面大哭。

由「母親」代表的心情轉折，和激動的一聲：「孩子……」，「死者」的身份已真相大白，他確實是筱茵的手足。

◎ 解析四

也許，躺在地上的孩子，是筱茵「同母異父」的手足。

排列師是一個助人工作者，若沒有相當的證據和把握，不會對個案說出如此驚聳的話語。到底排列師是如何判斷的？

一、 依據兩個男人看見死者的反應：

1、筱茵的父親看見「死者」，一副事不關己的樣子。
2、「另一個男人」看見「死者」，臉上呈現哀傷的表情，一步一步走近死者。

二、依據母親與兩個男人的互動：

1、筱茵的父母親彼此站得很遠，感覺兩人的關係很生疏。
2、筱茵的母親本來在哭泣，看見「另一個男人」後停止哭泣。

三、依據兩個男人彼此的互動：

１、筱茵的父親看見「另一個男人」，表情非常的憤怒，彷彿遇見情敵似的。

２、「另一個男人」看見父親卻一直往後退，一副心虛的樣子。

四、依據母親看見死者的反應：

１、筱茵的母親見丈夫在場，面對愧疚，不敢伸手觸摸「死者」，也不敢正視他。

２、筱茵的母親見「另一個男人」出現，勇敢的撫摸死去的孩子，舉止間流露出母性的光輝。

　　因此，排列師推測躺在地上的孩子，是筱茵「同母異父」的手足。

◎ 解析五

此時，「恐懼」代表已悄然離開「筱茵」代表了。

　　筱茵「深不見底的恐懼」，其實是要讓她看見，這個被排除在外的手足，他也是家中的一份子。如今這個手足被看見了，「恐懼」的任務也就完成了，它可以功成身退，離開筱茵了。

　　而在現實生活中，筱茵沒來由的恐懼，也會漸漸離她而去。

◎ 解析六

對於「秘密」只有保持尊重的態度，不需要把它說出來。

這是「序位」原則，鼓勵孩子尊重大人的秘密，不涉入其中，不問也不說，跟秘密保持距離。

◎ 解析七

也許，清美跟「媽媽的秘密」共振了。

在排列場域中，跟案主有相同經歷的人，會接收到相同頻率的能量波，振盪出類似的創傷和覺受，這叫「場域共振」。

因此，被共振到的人，他雖然沒有參與排列，不是案主，但同樣也有療癒的作用。

序位原則

尊重父母親的命運和隱私，
不管他們發生過什麼事，
始終站在「孩子」的序位，
不越界涉入父母的事情。

對家庭系統而言，最重要的法則之一就是序位原則。學習活用序位原則，不僅讓我們認清在每個關係的序位，學會覺察自己是否在歸屬的位置上？同時也教導我們「尊重」，即使是家人，也不涉入彼此的事件中，這樣家人關係的互動才會和諧有序。

例：結束筱茵的排列後，排列師告訴所有的學員，這是「媽媽的秘密」，對於「秘密」只有保持尊重的態度，不需要把它說出來。

例：清美對母親恭敬地說：「媽，我尊重妳的秘密。在秘密方面，我要跟妳有個距離。」

如果我們能領悟序位原則的精髓，將之擴大活用到人際關係、工作職場、事業的組織等領域，將會幫助我們創造和諧有序的人我關係。

整體原則

只要是屬於家族系統的一分子，
都有歸屬這個系統的權力。
重新看到家族裡沒活下來的人，
不因他的命運而將它忽略。

整體原則影響深遠，卻常被人忽略。我們常因某個家人夭折、自殺、意外、賭博、酗酒、犯罪……而不承認他在系統的

位置，無意識把它遺忘，或排除在外，彷彿他不再存在於這個家一般。無論是出自故意或無心，這都違背了整體原則。

　　整體系統的力量包容所有成員，不容許有成員被排除，一旦有人被排除，這些訊息會存在於家族的集體意識，促使系統裡的其他成員來填補被排除者的位置。如此一來，系統裡的其他成員會以莫名的情緒、不符合家族標準的行為、相同的病痛，甚至是死亡等來重複被排除者的悲劇命運。

【採取行動，讓愛流動】

1、筱茵和清美回家後，要絕對遵守保密原則，把「秘密」悄悄放在心中就好，不要問，也不揭露，跟秘密保持距離。
2、接受、承認死者是家中的一份子，常常在心中對他說：「我看見你了，你是我的家人，我愛你。」。

【排列手法解析】

　　筱茵和清美雖然人生故事不同，卻有「同母異父」類似的事實，清美自己是所謂的「同母異父」所生的孩子本人，因此遭受到送養的命運，因此悲從中來，排列師因此藉這個場域給了清美一個排列。

　　在排列場上測試出來的結果不是百分之一百的結果，因為

排列是一種能量的感應，而不是用科學儀器的測量。海寧格也曾經做過類似的排列，去驗了 DNA 與排列結果不符，最後得知是這位案主的家族其他家人有這樣的能量，不過這種機率不高。

故事（3）失去你我好傷心

失去親人令人悲傷，失去依賴令人創傷

　　筱茵長期受強迫症之苦，自從上次排完「深不見底的恐懼」後很久沒進排列教室，今天再次出現，仍然穿著粉紅色的休閒服，桃紅色運動鞋，綁著馬尾頭，一如她昔日的裝扮；她帶來新的議題。

　　「我從小就害怕死亡，總覺得它像惡魔隨時會奪取親人的性命。如果我今天去醫院，回來全身一定要徹底洗乾淨，衣服從裡到外每件都要換洗，襪子、鞋子、包包也要洗過，我怕被晦氣污染了。（解析一）

　　因此，**我去哪做什麼事都有固定的服裝，上課有上課的服裝，接送孩子有接送孩子的服裝……去醫院的服裝一定要好清洗、易乾的材質。」**（解析二）

　　「最近我們家樓下在辦喪事，我每天手洗一家人的衣物到半夜，如果先生、孩子沒在玄關換衣服就走進屋內，那我連家裡也要重頭清洗一遍，等清洗完已經是天亮了。你們看！**我的手洗到破皮、流血還在洗，但是我無法克制自己，這樣的模式讓我痛苦萬分生不如死。」**（解析三）筱茵神情沮喪。

　　「老師，我想再做一場排列。」

【排列過程】

說明：在排列過程中有加引號的指的是代表，沒有加引號的指的是本人，所以「筱茵」是代表，筱茵是本人。

一、排列師找了「筱茵」、「怕死亡」兩位代表進場。

只見「筱茵」以空洞的眼神看著「怕死亡」，她的身體有些晃動，感覺人是空的沒有支柱。「怕死亡」逐漸無力，然後就一動也不動的躺在地上。

「筱茵，妳回想看看，家族中誰的死亡讓你印象深刻，最不捨或最不能釋懷？」排列師問。

「奶奶死的時候，我最傷心、最不捨。我跟奶奶很親，父親過世得早，我是奶奶一手帶大的，她的死讓我無法釋懷。」

「奶奶很命苦，三十幾歲就守寡，一個女人家獨自撫養四個孩子長大。奶奶非常疼我，可是我卻來不及在臨終前見她最後一面，一切來得太突然⋯⋯**當時我沒有哭，也不敢看奶奶的遺容，整個人好像凍結似的。**」（**解析四**）筱茵紅著眼眶訴說傷心的往事。

二、排列師加入「奶奶」。「筱茵」果真頭低低的不敢看「奶奶」。「怕死亡」站起來一步一步靠近「奶奶」，拉著奶奶的手與她併排在一起。

此時，排列師請「筱茵」抬頭注視「怕死亡」和「奶奶」

手拉手併排在一起這一幕。

「害怕死亡的感受來自奶奶死得太突然，你來不及反應，妳被嚇住了。」排列師說。

「筱茵」仍然很害怕，她把頭再次低下來不敢看「奶奶」。

三、排列師加入「父親」代表，請「父親」手放在**「筱茵」背後支持他。「筱茵」有父親的支持看起來穩定、有力多了。（解析五）**

排列師請她跪在「奶奶」面前說：

「親愛的奶奶，從小妳最疼我，我也好愛妳，可是我卻來不及見妳最後一面，為此我感到深深的遺憾和自責。」

「奶奶，失去妳我好傷心。」代表一邊說一邊哭。（**解析六**）

四、排列師又加入「爺爺」代表。「爺爺」走向「奶奶」，和她併排在一起。

排列師請「父親」跪下來對「爺爺」、「奶奶」說話：

「親愛的父親，你很早就過世了，感謝你把生命傳承下來。」
「親愛的母親，感謝妳在困難的環境下撫養我，妳很偉大，我尊敬妳。」（**解析七**）

「父親」說完話，「怕死亡」鬆開「奶奶」的手，無力的退到角落。

五、排列師再請「筱茵」分別對「爺爺」、「奶奶」和「父親」說話：

「親愛的爺爺、奶奶，我尊重你們的命運，我會把你們放在心裡。」（解析七）

「親愛的父親，你在困難的環境中長大真不簡單，我尊重你的命運。謝謝你給我生命，我會活得像你一樣勇敢。」（解析七）

「筱茵」說完話，「怕死亡」轉身離去。離開前他說了一句話：
「我的任務完成了！」（解析八）

動力家系圖

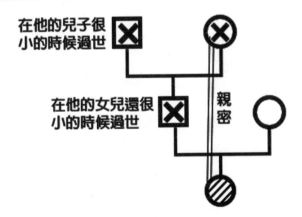

【案例系統脈絡解析】

◎ 解析一

筱茵説：「**我從小就害怕死亡，總覺得它像惡魔隨時會奪取親人的性命。如果我今天去醫院，回來全身一定要徹底的洗乾淨，衣服從裡到外每件都要換洗，襪子、鞋子、包包也要洗過，我怕被晦氣污染了。**」

由筱茵這段話看出她是一個對自己有所覺察的人。她的覺察如下：

一、她知道她害怕跟死亡有關的人事物。
二、她知道她從醫院和某些特定場合回來，「強迫症」就會發作，就會不停洗刷衣物。
三、她明白自己不停洗刷衣物的背後，是害怕自己和家人被晦氣污染而有生命危險。

筱茵直搗問題核心，為她的強迫症提供了參考性的線索。

◎ 解析二

「**我去哪做什麼事都有固定的服裝，上課有上課的服裝，接送**

孩子有接送孩子的服裝……去醫院的服裝一定要好清洗、易乾的材質。」

此番話終於讓我們明白，為什麼筱茵每次到工作坊總是穿著粉紅色的休閒服，桃紅色的運動鞋，綁著馬尾頭。

原來固定的穿著及打扮，是筱茵在無止盡的洗刷中，淬練出來的生活智慧。選擇好清洗、易乾的衣物出入醫院，對罹患強迫症的她而言確實是方便之道。

◎ 解析三

「你們看！我的手洗到破皮、流血還在洗。但是我無法克制自己，這樣的模式讓我痛苦萬分生不如死。」

筱茵重複不停洗刷衣物的行為是「強迫症」的症狀。
強迫症即「強迫性精神官能症」，是焦慮症的一種。其主要症狀為：

一、強迫性的思考

患者心中常出現不想要的「重複想法」。這些想法包括：
害怕自己或心愛的人受到傷害、不合理的認為自己罹患可怕的

疾病、要求自己必須超乎尋常的將事情做好等，因此患者不斷體驗到相同干擾的想法。例如：「我的手好髒，我必須去洗手！」、「我可能沒關瓦斯」、「死亡隨時會奪取親人的性命」等等，這些強勢侵入的想法讓患者產生高度的焦慮。

二、強迫性的行為

在強迫性的想法之後，跟著來的就是強迫性的行為。患者透過「重複的行為」暫時降低強迫性思考所帶來的焦慮。最常見的重複行為有：洗手、檢查物品、算數字、將物品排列整齊，或不停洗衣物……

當強迫症發作時，患者會陷入一種無法掌控，令人沮喪的「重複性」想法或行為中，嚴重浪費她的時間，並且在生活中造成無比的痛苦和損害。我們可以想像在寒冷的冬天，筱茵不停的洗衣物，洗到手指凍傷、龜裂、流血、滿屋子都是未乾的衣物，她仍然不停的洗啊洗……這對她來講是多麼痛苦萬分，難怪她說「生不如死」。

強迫症患者經常說：「我也不想這樣，可是我停不下來啊！」

◎ 解析四

筱茵說：「**當時我沒有哭，也不敢看奶奶的遺容，整個人好像凍結似的。**」

這是能量「凍結」的創傷現象。

當人碰到來得太急、太強烈、壓力太大等難以承受事件時，身體會產生保護機制自動關機，切斷感覺以免因受苦而崩潰，這種現象就叫「凍結」。凍結後的能量無法流動，停滯、累積、儲存在身體形成「創傷」。

人不可能沒有創傷，只是輕重不同而已。創傷的症狀有：身體不同部位的疼痛、莫名的負面情緒、緊繃的身體、放空發呆、對身體的感受遲鈍、過度理性、反應過度、失眠、社交退縮、肌肉無力、免疫力失調等。

「創傷療癒」就是把這些累積在身體的能量逐漸釋放出來，使個案再度活得輕鬆自在、健康又有生命力。

◎ 解析五

「筱茵」有父親的支持，看起來穩定、有力多了。

這是筱茵與父親重新連結，從父親那兒獲得男性力量的現象。

筱茵從小失去父親，沒有得到父親男性力量的支持，所以看起來虛弱無力。如今與父親連結後，就顯得穩定、有力了。

這是家族系統中集體潛意識運作的連結原則。

連結原則（有連結生命才能流動，是流動原則的方法）

與父母情感的連結，是人性中最大的需求。

　　與父母連結是每個孩子的自然本能，也是人性中最大的需求。如果父母很早就與孩子分離，或因為某些緣故，很長一段時間無法照顧孩子，都可能導致這種自然連結被打斷。當連結被中斷，孩子的身心就會處於破碎狀態，無法走向完成和圓滿。

　　在排列中，排列師經常用「父母」的手扶著「當事人」的背後，來讓子女與父母重新連結並給予支持。

◎ 解析六

「親愛的奶奶，從小妳最疼我，我也好愛妳，可是我卻來不及見妳最後一面，為此，我感到深深的遺憾和自責。」
「奶奶，失去妳我好傷心。」

　　筱茵失去奶奶的傷痛，因為真情的表達，讓心中的愛流動了，凍結的能量也因此活絡了。

這是家族系統排列的流動原則。

流動原則

愛流動了，生命力自然跟著流動。

生命是一種流動。人如果因為創傷而造成某部份能量凍結在當時的時空，他的生命力就無法全然發揮，生活也會感到受限。

愛是最大的療癒力量。透過愛的真情表達，能夠釋放凍結的能量，讓受阻的生命力自然流動。

◎ 解析七

「父親」代表說：
「親愛的父親，你很早就過世了，但你仍把生命傳承下來，我感謝你。」
「親愛的母親，感謝妳在那麼困難的環境下撫養我，妳很偉大，我尊敬妳。」
「筱茵」說：
「親愛的爺爺、奶奶，我尊重你們的命運，我會把你們放在心裡。」
「親愛的父親，你在困難的環境中長大真不簡單，我尊重你的

命運。謝謝你給我生命，我會活得像你一樣勇敢。」

筱茵和她的父親都幼年喪父，透過這些話讓兩代得以連結他們的父母，向父母表達感謝、尊敬，心中的愛才會流動。

這是家族系統排列的流動原則。

◎ 解析八

「怕死亡」轉身離去。離開前說了一句話：**「我的任務完成了！」**

所有因動力所產生的苦痛，都不是處罰，也不是故意折磨，它只是要被「看見」，有個家族的創傷要被療癒。

一旦隱藏在家族背後的未竟之事及情緒被看見，愛的能量流動了，「動力」的任務也就完成。

【採取行動，讓愛流動】

鼓勵筱茵用感恩來悼念奶奶，尤其當她又不停洗刷衣物時，更要想念奶奶、悼念奶奶、感恩奶奶。

Q&A

問：創傷和排列有什麼關係？

答：有一種創傷跟個人的生命經驗有關係，譬如：被霸凌、車禍、目睹暴力、被分手……本案例是因為受到突如其來的死亡而驚恐，全身的能量被鎖在身體裡，這驚恐的能量轉成強迫症的樣貌困擾著當事人。在排列場中能看出情緒與什麼事件相關、與誰相關，可以做完整的療癒。

有另一些更大的事件會形成家族的創傷，而被記憶在家族的集體潛意識中，譬如：戰爭中的家破人亡、逃難中的生離死別、連續幾代都有人送養、謀殺事件……做為家人我們很容易進入集體潛意識中與家人同悲、同憤等情緒，而產生莫名的心情，我們也可以藉由排列場來療癒。

故事（4）親愛的老公，對不起，我利用了你

愛情是甜蜜的，錯用了，它就是痛苦的根源。

　　文鈺在某大國際企業任總經理，她第一次到排列工作坊就積極爭取排列的機會。她的神情看起來有些焦慮和緊張，眼睛很大，眼球比較突出。

「最近我的生活大亂，我快受不了，幾乎瀕臨崩潰。我好像再也無法掌控自己，生活脫序得很嚴重。」（解析一）
「我好累，好想生一場大病，或得癌症也可以，這樣才能好好休息，什麼都不管。」（解析二）

　　「說說妳的困擾是什麼？」排列師溫和的說。

　　「我的父親在某非營利組織擔任重要的職務，最近他跟這組織的人在打官司。**我很煩，也很緊張，深怕父親一生的清譽就毀在這場官司上。」**（解析三）

　　「我的哥哥是躁鬱症患者，長期無法上班，日常生活全靠母親照顧。**就在家人正為父親的官司煩惱的結骨眼，哥哥的躁鬱症更嚴重，家人被他吵得雞犬不寧。」**（解析四）

「我自己的壓力也很大，我必須與客戶訂合約、需要負責公司盈虧等⋯.如果過不了關，職務就沒了。**而我的婚姻也在此時亮紅燈，先生根本不愛我，我想離婚。**」（解析四）

「哥哥躁鬱症、爸爸打官司、公司壓力大、老公不愛我，我快瘋了，我想在這一團烏雲中找到方向，請問老師，可以嗎？」

「妳的心願已經說得很清楚了，妳想撥雲見日，找到施力的方向，那麼，我們進行一場排列來把事情看清楚，好嗎？」排列師溫和的說。

【排列過程】

說明：在排列過程中有加引號的指的是代表，沒有加引號的指的是本人，所以「文鈺」是代表，文鈺是本人。
一、「好！讓我們從排列來看看妳先生對你的感覺如何？」

排列師請文鈺找一個人代表「文鈺」，一個人代表她「先生」，觀看兩人互動情形。

當「文鈺」和「先生」兩人互看時，**「文鈺」流露出不屑的眼神，她的下巴抬得高高的，顯露一種人生勝利組的驕傲**

（**解析五**）；而「先生」代表對「文鈺」卻流露出關愛的眼神。

「看來，妳先生對妳是充滿愛的。」排列師對文鈺說。

「唉！我現在不想談他，總之我覺得他背信，利用我，不守諾言。現在，我比較關心我爸爸的官司，不曉得他的官司是否打贏？」（**解析六**）文鈺憂心的說。

二、排列師請文玉找兩位學員代表「父親」和與父親「打官司的人」，並且排出他們的位置。

代表們隨著感知移動。只見「文鈺」看見與父親「打官司的人」，**馬上站到「父親」前面，平舉雙臂，像母雞保護小雞似的，試圖為父親攔下責難**（解析同六）。

排列師知道文鈺的父親和打官司的人都相信神明，他加入了「神明」代表，但是「文鈺」、「父親」、「打官司的人」，沒有一個人看向「神明」。

「神明」走向「父親」面前，充滿慈愛的對他說：「你只要看我。」

「父親」這才將目光轉向「神明」，慢慢、慢慢的，他的

心情逐漸平靜，臉上的線條也柔和了。「打官司的人」接著也轉頭看向「神明」。文鈺這才鬆了一口氣。

「所以，文鈺，妳從這個排列發現了什麼？」排列師問。

「心中有神明，心就穩定。唉！當初我們怎麼忘了把事情交給神明？只要看向神明，一切就平息了。」

文鈺終於找到父親官司的解決之道。

三、「再來，我們來看看你哥哥的躁鬱有沒有受家族動力影響？」

排列師請文鈺找一人代表「哥哥」。
「哥哥」代表一出現，眼睛就一直看地上。

「妳的家人有誰沒存活下來？」排列師問文鈺。

「聽媽媽說，在哥哥之前還有一個哥哥，生下來沒幾個月就夭折了。」文鈺回答。

排列師找一人代表「夭折的哥哥」躺在地上，再找一人代表文鈺的「母親」。

請「文鈺」、「父親」、「母親」、「哥哥」四位代表對地上的「夭折的哥哥」說：

「我們看見你了，你是我們的家人……」（解析七）。

四位代表悼念被遺忘的哥哥許久，「夭折的哥哥」臉上露出了笑容。（解析八）

四、「文鈺，妳看看妳先生，他從妳爸爸的官司到現在，一直遠遠的看著妳，默默的關心妳。」排列師指著在角落的「先生」，要文鈺好好端詳他的表情。

「我……長久以來，一直把先生當成我們家的『長工』……」文鈺不好意思的說。**（解析九）**

「我的哥哥沒有辦法照顧父母，婚前我就跟先生約定，他要照顧我的父母親和哥哥，我才要嫁給他。」（解析十）

「結婚以來，先生視我的父母如他親生的父母，對我和哥哥也照顧有加，可是，我一直沒有把他放在心上，我的心都在父母親和哥哥身上。」文鈺有些愧疚。

排列師請文鈺走向「先生」，真誠的向他致歉。

「親愛的老公，對不起，我利用了你……」

「我利用你來當我父母的兒子和我家的長工，請原諒我。」
（解析十一）

　　「先生」這時顯得有不自在，又有些害羞，他握著文鈺的手說：「妳是我老婆，我愛妳……。」

　　「我也願意愛你。」文鈺脫口而出，她早已淚流滿面。

五、排列師問文鈺：「妳有沒有發現，在那麼長的排列中，神明的眼光一直注視誰？」

　　「從頭到尾，神明一直在看我。」文鈺回答。

　　「這對妳有什麼意義？」排列師又問。

　　「無論發生什麼事，神明總是慈愛的看我·讓我很安心。我不用像過去那樣憂心那麼多，安排那麼多。」

　　文鈺的眼神跟來的時候完全不同，內在彷彿有股新的生命力。

六、文鈺：「回家第一件事就是要擁抱老公，真心誠意對他說：**『親愛的老公，對不起，我利用了你，請你原諒**

我……』。」（解析十、十一）

【案例系統脈絡解析】

◎ 解析一

文鈺說：「**最近我的生活大亂，我快受不了，幾乎瀕臨崩潰……我好像再也無法掌控自己，生活脫序得很嚴重。**」

對於一個凡事都要「安排」，凡事都要「掌控」的人，生活會變得比較辛苦。他需要戰戰兢兢、時時刻刻維持一切人、事、物在他的掌握中，一旦發現他無法再安排、掌控，哇！他的世界就「失控」了。

文鈺就是一個典型的例子。她習慣安排自己的一切，也插手管娘家的瑣碎事務；當不能掌握的事物一件件接踵而來，她越用力要掌控，愈無法掌握，因此沮喪、無力感排山倒海而來，頓時覺得生活脫序，瀕臨崩潰。

◎ 解析二

文鈺說她好想生一場大病，或得癌症也可以，這樣才能好好休息。

人無法長期不休息，縱使靠意志力支撐，身體的承受度仍

然有極限，長期該休息而不休息，身體不堪負荷就會生病。

　　生病是人體的一項保護機制，讓人暫時無法在生活中繼續用力。文鈺的身體已相當累了，她的心想藉生病或得癌症好好休息，如果她再不理會身心的訊息，就真的會生病。事實上，文鈺的眼球突出，已經是甲狀腺失調的症狀了。

◎ 解析三

1、文鈺很煩，也很緊張，深怕父親一生的清譽就毀在這場官司上。

2、她不想談先生，只憂心父親的官司是否打贏。

　　這是一種序位不對的情形。雖然為人子女，碰到父親打官司的事情，難免會有些擔心，但像文鈺這樣，把父親官司的成敗當成關注的焦點，為此廢寢忘食，憂心如焚到無法照料生活的其他面向，這已經失衡了。

　　從文鈺為父親官司憂心這件事，知道她沒有回到「孩子的位置」來愛父母。孩子會擔心父親「一點點」，不會擔心「很多」；孩子會知道父母是「大的」，自己是「小的」；孩子會讓父母自己處理問題，不會介入其中；孩子相信母親會與父親一起想辦法，而不是自己瞎操心……

◎ 解析四

1、在家人正為父親的官司煩惱的節骨眼，哥哥的躁鬱症更嚴重，家人被他吵得雞犬不寧。

2、我的婚姻也在此時亮紅燈，先生根本不愛我。

其實，文鈺所敘述的這兩個狀況，不一定是真相，很有可能只是文鈺個人的覺受。

當一個人壓力大的時候，相對的抗壓性就變小，往往會把芝麻綠豆般小事，「放大」成不得了的大事。文鈺在身心俱疲的情況下，有可能因負荷不了壓力，而扭曲事實。因此，排列師才會優先排她和先生的關係，讓她能看清事實。當人離開了序位，生命就會開始空轉，徒勞無功，特別疲累。

◎ 解析五

在代表中，文鈺看先生的眼神流露出不屑，她的下巴抬得高高的。

由此代表的呈現，可以看出文鈺的內在對先生是不尊重的，她甚至顯露一種人生勝利組的驕傲，這也是序位上的不對。

夫妻在序位上是平等的，任何一方如果自恃過高，瞧不起對方，這都違反了夫妻的序位原則。

◎ 解析六

「文鈺」一看見「打官司的人」，馬上站到「父親」代表前面，平舉雙臂，像母雞保護小雞似的，試圖為父親攔下責難。

　　這也是一個違反序位原則的例子。

　　由「文鈺」平舉雙臂像母雞保護小雞似的，試圖為父親攔下責難的舉動，再一次讓我們看到，她沒有回到「孩子的位置」來愛父親。

　　因著愛，文鈺讓自己變成比父親還「大」，她成為父親的「保護者」，而不是父親的「女兒」。

　　不成熟、非理性的「小愛」，讓文鈺的愛失去秩序。

綜合解析三、四、五、六，說明序位原則如下：

序位原則

宇宙遵循一定的秩序運作，
行星與恆星、銀河系之間，
人與造物主、大自然之間，
人與父母、手足、夫妻、職場、事業組織之間⋯⋯
一切各有其位，井然有序。

對家族系統而言，最重要的法則之一即是序位原則。而序位原則不僅用在人與父母、子女、夫妻關係之間；也作用在人際關係、工作職場、事業組織等領域；更擴大活用到人與大自然、宇宙星系……以及人與神明之間。

從文鈺過度憂心父親的官司，及婚後仍然留在家裡照顧父母、哥哥這兩件事，看到他雙重序位不對，不僅沒有回到「孩子」的位置來愛父母親，在手足之間，也沒有以「妹妹」的身分尊重哥哥。

一個序位不對的女兒，她彷彿一個長不大的「女孩」，是無法跟一個「男人」（男友、先生）相處的。文鈺在婚姻裡，沒有尊重夫妻平等的序位，卻以「老闆」的姿態，請一位「長工」來照顧她的家人，在如此序位失衡的狀態，她怎能體會先生對她的愛？

例１：在代表中，文鈺看先生的眼神流露出不屑，她的下巴抬得高高的。

例２：「我現在不想談我先生，我比較關心我爸爸的官司，不曉得他的官司是否打贏？」

例３：「長久以來，我一直把先生當成我們家的『長工』。」

另外，文鈺與造物主的序位也不對。她是信神明的人，可是在生活中並沒有相信神明，過度使用她個人的意志力，凡事

「安排」凡事「掌控」，彷彿她是「神明」一般。在本質上，她已經忽略神明的存在，漠視了宇宙有一股更大的力量，在看世間發生的一切。

例：「文鈺」和「父親」代表並沒有看向「神明」。

「神明」走向他們，充滿慈愛的說：「你們只要看我。」

◎ 解析七

排列師請「當事人」、「父親」、「母親」、「哥哥」四位代表對地上的「哥哥」說：**「我們看見你了，你是我們的家人……」**。

這是整體原則。讓文鈺一家人憶起她們家中還有一個男孩。雖然這男嬰生下來沒幾個月就夭折了，但在手足序位上，他仍然排行老大，他是文鈺家的長子。

◎ 解析八

四位代表悼念被遺忘的長子許久，「哥哥」代表的臉上露出笑容。

這是整體原則也是流動原則，整體原則在前面說明過，現在說明流動原則。流動原則強調生命力要向前流動，讓過去的

過去，全然地活在當下。

　　文鈺的長兄還來不及長大就夭折了，當初他們的父母親驟然失去兒子，在創傷中情感凍結了，以致於當下無法追悼早夭的兒子，日後也無力告訴兒子、女兒，她們還有一位長兄。

　　排列師透過悼念的儀式，讓文鈺家被鎖住的能量重新流動，其中最感欣慰的人就是文鈺的哥哥，他潛意識藉躁鬱症來悼念大哥的目的已達成，或許排列完的若干時候，文鈺哥哥的躁鬱會逐漸好起來。

綜合解析七、八，說明整體原則如下：

整體原則

家族整體系統的力量包容所有成員，
不容許有任何成員被排除，
每個成員在系統永遠都有一個「位置」。

　　整體原則在家族系統的影響深遠，卻常被忽略。人們常因某個家人發生意外、夭折、自殺，或他的行為不符合家族標準，而無意識地把他遺忘或排除，彷彿他不再存在這個家族一般。

　　然而這些信息並不會被抹滅，它會存在於家族的集體潛意識中，促使家族中的其他成員，去填補這個被排除者的位置。如此一來，這個成員會重複被排除者的命運悲劇，為此付出莫

名的情緒、行為、疾病，甚至是死亡的代價。家族排列的助益，不是只看到他表面的情緒和行為，而是幫助他發現問題背後的根源，觀察到更深層的系統影響。

　　例：排列師請文鈺、「父親」、「母親」、「哥哥」四位對地上的男嬰說：「我們看見你了，你是我們的家人……」。

◎ 解析九

　　「我……長久以來，一直把先生當成我們家的『長工』……」文鈺不好意思的說。

　　文鈺在排列中看見父親官司的解決之道，以及哥哥燥鬱的原因，心情逐漸放鬆，此時她才看見自己並沒有建立平等的夫妻關係，長期把先生當「長工」般使喚。
　　文鈺承認這是事實，她終於看見真相。

◎ 解析十

　　「我們家的兒子無法照顧父母，婚前我就跟先生約定，他要照顧我的父母親和哥哥，我才要嫁給他。」

　　文鈺婚前就先跟先生談妥「條件」才嫁，這種做法好像在談一樁生意買賣，甲乙兩方條件談攏，才簽訂合約。然而，婚

姻畢竟不是買賣，不能把婚姻合約化、商品化。

　　難能可貴的是，即使文鈺把婚姻當條件交換，她的先生仍然答應，由此可見，文鈺的先生是多麼愛她啊！有哪一個男人，結婚後願意住在岳父母家，長期照顧太太娘家的人？這種現代版的招贅婚姻，若沒有真愛是做不到的。

◎ 解析十一

「親愛的老公，對不起，我利用了你，請你原諒我。」

　　這句話，聽在文鈺老公的耳裡是多麼甜蜜與感動啊！

　　之前，文鈺覺得老公不愛她，老公「利用」照顧她家人掙得婚姻。這是一種「投射」心理，其實真正利用人的是文鈺，她利用先生來當父母的兒子，和家裡的長工，卻說先生利用她。

　　現在文鈺看清事實，明白先生沒有利用她，就能敞開心門，接受先生的愛。

綜合解析九、十、十一，說明事實原則如下：

事實原則

尊重、承認事實的原貌，
會帶來解脫與療癒的力量，

進而打開解決問題的一扇可能之門。

　　尊重每個人在系統裡的身分事實，並且透過承認的方式將它說出來，這件事就不會成為家中的未竟之事，也不會像黑洞般牽絆著這家人。

　　當一個人打從內心說出事實，就代表他接受，並承認這個事實，這會對系統裡的相關人帶來解脫與穩定感，進而打開解決問題的大門。

　　例：「親愛的老公，對不起，我『利用』了你。我利用你來當我父母的兒子，和我家的長工，請你原諒我。」排列師請當事人代表，真誠向老公致歉。

【採取行動，讓愛流動】

一、文鈺回家後一定要記得跟先生說：「對不起」，並且向先生致謝：「謝謝你，在我還不知道愛你的時候，你已經愛我好多年了。」

二、停止再把先生當長工看待。

三、專心寫報表。

四、臣服人類生命的運行，會有疾病、意外、不如意、官司……，把父親的官司交給神明。

五、尊重先生及夫家，不要切斷先生與夫家的來往聯繫。

六、儘可能從原生家庭獨立出來，建立自己新的家庭系統，把

心放在他們的小家庭，共同照顧孩子。

【進入內心，讓愛流動】

如果你也有類似的情形你可以這樣做：

一、 請將兩張椅子並排，右邊的椅子代表「爸爸」的位置，左邊的椅子代表「媽媽」的位置。

二、 拿兩張紙分別寫上「丈夫」和「太太」；把「丈夫」的紙放在椅子對面的右邊，把「太太」的紙放在椅子對面的左邊，分別代表他們的位置。

三、 做三個深呼吸，讓自己安靜下來，進入場域，我們要做內心的移動。

四、請面對爸爸媽媽站好，離他們大約十步的距離。

五、 從內心對父母親說：

「對不起，我沒有辦法替你們負責。」

「我能做的只是～把你們的責任還給你們，並且感謝和尊敬你們。」

「謝謝你們給我生命，謝謝你們養大了我。」

「對你們最好的事就是： 我用你們給我的生命為我自己負責，發展我自己的事業，建立我自己的家庭 ，我相信你們會承擔你們自己的責任。」

「謝謝你們。」

六、 然後向父母深深一鞠躬。不論有什麼樣的心情都接受它、關照它。直到你感覺平靜為止。

七、向後轉，面對屬於自己的位置，慢慢的朝向自己的位置走過去。（如果你是丈夫，請站在「丈夫」的位置上，如果你是太太，請站在「太太」的位置上。）感覺自己內在的感受。

八、 在心裡對自己這樣說：「這是我的位置。我是這個家的先生／太太，我全心投入我們的家庭。」

　　「如果我們的家庭有孩子，我會全心照顧他們，我是他們的爸爸／媽媽。」

　　「我把從我父母那裡得來的祝福，祝福我的孩子。」

九、「在孩子還小的時候，我為他們負責，等到孩子長大了，他們能感覺（或觀想）自己從長輩那裡得到愛，再把愛傳給下一代。這份愛像瀑布從上往下川流不息。」

十、 一直到更清楚自己的角色，更清楚愛的流動方向，就可以離開位置。

圖示：

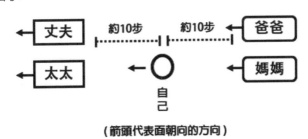

（箭頭代表面朝向的方向）

【排列手法解析】

　　這是同一個人，不同場的排列組成了一個生動的故事，目的是幫助大家看事情有系統觀。往往一個失序的核心錯位，會連帶在不同的情境失序，影響既深且廣。

故事（5）我爸跟現在的女人會有結局嗎？

有現在的女人，就表示有以前的女人，爸爸的女人一多，孩子的心就有漂泊感。

　　杰勝（Jason）是十七歲的加拿大籍高中生，身高一百八十公分，濃眉挺鼻，是一個長得很好看的大男生，只是他的眼神看起來有點失落空洞。

　　「說說你來排列的心願是什麼？」排列師問杰勝。

　　「我有兩個心願。第一個心願希望能夠跟爸爸、哥哥和睦相處。第二個心願希望我能定下心來好好唸書，將來成為一名社工。」杰勝臉上流露出真心的渴望。

　　「你跟哥哥相處有什麼困難？」排列師問。

　　「我也說不上來，就是感覺跟他不熟，我們住在同一個屋簷下，見面只是點頭微笑，彼此不說話，我不知道他對我是否友善？」

「我也很想親近爸爸，可是我不知道他是否愛我？」杰勝困擾在不確定的親情中。（解析一）

　　「為什麼你跟哥哥不熟？」排列師問。

　　「我哥才搬來與我們同住一年多。」杰勝回答。

　　「才搬來一年多？怎麼說？」

「我哥和我不同母親，我們是同父異母的兄弟，他是我爸婚外情所生的小孩。」（解析二）

「我很想念我媽……我爸媽在我很小的時候就離婚了，我猜我媽媽很生氣我爸爸外遇吧。」杰勝語出哽咽。

「小時候誰扶養你長大？」

「我爸的同居女人撫養我長大。這個阿姨對我很好，他照顧我如同親生小孩，可是我爸到頭來還是沒有跟她結婚。**我爸現在跟第四個女人在一起**，（解析三）現在我和哥哥和這位阿姨還有爸爸住在一起。」

「你的母親呢？她好嗎？」排列師問杰勝。

「我的母親嫁別人了，她跟現任丈夫生了一個男孩，年紀比我小三歲。我不知道她好不好。」

「我來總結一下，你聽聽看對不對?」

「從小你一直跟爸爸住在一起，但是媽媽在你很小的時候就跟爸爸離婚，她走了。後來有一個跟爸爸同居但沒有結婚的阿姨和你們住，這位阿姨對你視如己出，但爸爸沒有跟這位阿姨結婚，所以這位同居女人也走了。現在爸爸又有第四個女人，你和哥哥和爸爸還有這第四個女人住在一起，是這樣嗎？」

「是的。」

「你今天來排列有兩個心願。第一個心願希望能夠跟爸爸、哥哥和睦相處。第二個心願希望能定下心來好好唸書，將

來成為一名社工。」

「我們就這兩個心願進行排列，如果排列進行中有什麼需要知道，我再問你好不好？」排列師說。

「好的。」杰勝回答。

【排列過程】

說明：在排列過程中有加引號的指的是代表，沒有加引號的指的是本人，所以「杰勝」是代表，杰勝是本人。

一、排列師找了「杰勝」、「父親」、「哥哥」三位代表進場，觀看他們互動的情形。

只見「杰勝」看著「父親」，眼神流露孺慕之情。可是「父親」的目光凝視窗外，並沒有看他。「哥哥」剛開始也看窗外，慢慢才轉過頭來看「杰勝」，面無表情。

二、排列師加入父親「婚外女人」代表，也就是哥哥的媽媽。
「哥哥」的眼神遠遠望著「婚外女人」。（解析四）

「你哥哥很想念他的母親。」排列師對杰勝說。

「我也很想念我媽……」杰勝不禁眼眶紅了起來。

三、排列師加入「母親」代表。

「母親」遠遠看著「杰勝」，眼神充滿愛，一直看著看著……她離「父親」很遠。

「你的母親很愛你，也很想你。」排列師安慰杰勝。

四、「帶你長大的這位阿姨對你也很重要，我也把她加進

來。」排列師對杰勝說。

排列師加入父親「同居女人」（即把杰勝帶大的這位阿姨）代表。這個女人一出現就在哭，哭聲中帶著哀怨。

排列師請「杰勝」走到「同居女人」面前，向她深深一鞠躬。

「謝謝阿姨撫養我長大。」

「同居女人」聽了漸漸停止哭泣。

五、「既然你知道你還有個弟弟，我們也把他加進來好不好？」排列師問。

「好啊！」杰勝立刻回答。

排列師加入同母異父的「弟弟」代表。

「弟弟」出現後，似乎「父親」終於想起了自己的孩子，將目光從窗外收回，正視「杰勝」和同父異母的「哥哥」。（解析五）

排列師請「杰勝」向「哥哥」說：

「哥，我想靠近你。」

「哥哥」聽到這句話有反應了，他慢慢走向「杰勝」。同母異父的「弟弟」也走向「杰勝」。

「哥，我也想靠近你。」

三個孩子靠在一起，（解析六）「父親」面帶微笑向他們靠攏。

排列師請「杰勝」向「父親」鞠躬。

「爸，你是我最對的父親，感謝你給我生命。」

「我已經十七歲了，我想成為一名社工，請你祝福我。」

然後排列師請「杰勝」遠遠的向「母親」鞠躬。

「媽，妳是我最對的母親，感謝妳生下我。」

「對不起，我只能遠遠的祝福妳。請妳也祝福我成為一名社工。」

六、最後排列師加入「社工」代表。

「父親」毫不猶豫的站到「杰勝」背後支持他。「哥哥」、「弟弟」也相繼加入支持的行列。「杰勝」向前擁抱了「社工」。

「哇！大圓滿。」排列師向杰勝恭喜。

七、**「那……我爸跟現在的女人會有結局嗎？」勝杰意猶未盡。（解析七）**

排列師白了杰勝一眼，笑著回答。

「你很好奇？但那不干你的事啊。」

「你只要知道誰是你父母？誰撫養你長大？把注意力關注在你的目標，好好唸書就好。」

動力家系圖

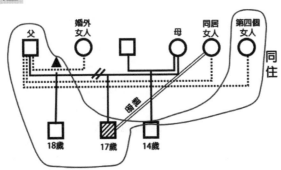

【案例系統脈絡解析】

◎ 解析一

「我不知道哥哥對我是否友善？我也很想親近爸爸，可是我不知道他是否愛我？」杰勝困擾在不確定的親情中。

對親情的渴望是每個小孩的心願，可是對杰勝來講卻很難達成。他從小與母親失聯，不確定改嫁的母親是否想念他；他與父親的連結也不深，不確定父親是否愛他；也不確定同父異母的哥哥是否想親近他；他困擾在不確定的親情中。

青春期是在確定身份「我是誰？」的階段，如果連自己的父母是否愛他都不知道，他的內在會因為沒有與父母連結而呈現無力，身心很難圓滿。杰勝就是因為切斷愛的連結，所以目光失落而空洞。

這是療癒家族系統而運用的連結原則，它是流動原則的其中一種樣貌，專門述説親子間因中斷連結而運用的原則。

連結原則

越小與父母中斷連結，身心受創就愈大。

每個小孩天生都有連結父母的自然本能。當小孩仍處於依賴父母階段就痛失父母之一或分開很長一段時間，這對他來講都是擾亂身心的遭遇。而且小孩越小，越無法消化分離的痛苦，對他的傷害也就愈大。

　　從兒童發展的研究可以知道：受忽視的嬰兒起初大聲的哭，一直哭一直哭，哭到最後他安靜下來了，他的安靜不是心滿意足，而是他放棄了，不再試圖得到父母的注意力，他退回內心世界不再要求自己需要的東西。

　　同樣的，小孩與父母中斷連結也會經驗到類似的模式：害怕被拒絕，想要得到某人的疼愛卻不走向他們，反而停下來、退縮，或是迂迴半天，接近到某種界限就保持距離，不以直接的方式走向對方領受愛。他長大成人之後可能發展出多疑、退縮的人格及不與人親近的模式。

◎ 解析二

「我哥和我不同母親，我們是同父異母的兄弟，他是我爸婚外情所生的小孩。」

　　杰勝和哥哥雖然是同父異母的兄弟，可是他們有相同的命運：他們的母親都離他們很遠，他們的心裡一樣孤單，一樣對

親情有不確定感，所以他們渴望在一起互相取暖。

　　以兩個孩子的年齡推算，杰勝的父親在生杰勝之前就婚外情生了杰勝的哥哥，只是之前沒將他帶回家，直到一年前才將孩子帶回來。我們不知道勝杰的母親是否因為先生外遇才離婚，「婚外情」的確是夫妻關係的殺手，藉此我們來瞭解以家族系統的觀點對這個議題的看法和建議。

　　這個故事關乎家族系統的兩性平衡原則。

兩性平衡原則

帶著愛，
正向回報　加一點，
負向回報　減一點。

　　海寧格認為兩性的互動不是僵化的公平，而是流動的平衡。當另一半發生婚外情時，如果無辜的一方表現出毫不計較，很崇高的寬恕對方，反而會被迫承擔起後果的影響，讓對方把應負的責任推卸掉；而且也會覺得自己在道德上比對方優越，因此矮化對方，或日後一再提起過去的問題，產生自己是「受害者」，對方是「加害者」的心理。

　　比較好的方式是有婚外情的一方「真誠道歉」，讓彼此如實看見真實人性的一面。抱歉的人不能要求對方一定要「原

諒」，要不要原諒是對方的自由，不能強將責任推給對方。
「道歉」是表達他對另一半的尊重，終究還是要自己背負著愧疚感，接下來要以更好的方式對待對方，直到重新達成彼此的平衡為止。

　　無辜的一方此時要運用智慧來達到兩性的平衡，如何平衡呢？秘訣就在：正向回報加一點，負向回報減一點。

　　「正向回報加一點」是指當另一半對我們好，我們回饋回去時要「增加一點點」好。舉例：若對方對我們三分好，我們就回饋對方五分好；這樣對方在平衡的本能之下也會不知不覺對我們好一點，然後我們回饋時又再增加一點點好，雙方你來我往不斷的增加，正向互動的循環就會持續漸增。

　　「負向回報減一點」是指當另一半對我們不好時，我們也要回報回去，但回報時要「減少一點點」。也就是說當對方對我們五分的不好，我們只要回報他三分的不好；這樣對方有著我們對他三分的不好，但也有我們對他兩分的好，彼此的關係就不會全都是不好的感受。兩人就算起衝突，也會因平衡的本能（-3+2=-1）變成只回報我們一分的不好，而我們回報時再減少一點點，如此你來我往，負面對待的循環就會逐漸減少，甚至是開始一點正面的循環了。

◎ 解析三

「我爸現在跟第四個女人在一起。」

杰勝的父親聽起來滿有異性緣的，情史很豐富，但究竟是什麼原因造成一個男人多重伴侶、不忠實的行為模式呢？背後可能有許多原因，其中最普遍的原因是：他沒有和父親連結，活在母親的影響下，心不穩定。

這種男人當他遇見一個愛侶，剛開始會把她看成渴望的「女人」，關係一旦建立後就開始把她當成「母親」了。當她變成母親，在女性魅力及性方面對他就不再具有吸引力，因此這個男人需要另一個女人來滿足他。同樣的，一個女人沒有親近母親，一直當父親的小女孩，情況也一樣。

◎ 解析四

「婚外女人」遠遠望著「哥哥」，眼眶含著淚光。
「母親」遠遠看著「杰勝」，眼神充滿愛，一直看著看著……

勝杰和同父異母的哥哥不僅有相同的處境，連他們的母親也有相同的命運—她們兩個都是沒有身份的母親（一個改嫁失去孩子的監護權，一個未婚生子），她們有共同的辛酸，只能遠遠望著自己的孩子。

◎ 解析五

當同母異父的「弟弟」出現後，「父親」終於將目光從窗外收

回，正視「杰勝」和同父異母的「哥哥」。

勝杰的父親代表從一出現就看著窗外，他不看前妻。不看孩子，也不看前兩任伴侶，彷彿窗外的遠方有一個他關心的「目標」。這個目標對象是誰呢？原來是前妻再嫁所生的小孩。

這幕代表狀態透露了杰勝的父母親當初並沒有帶著感激平靜分手，極有可能當時是以一種不公平的方式結束關係，所以外遇者（杰勝的父親）帶著歉疚希望對方過得好。直到前妻再嫁的兒子出現，他確定她過得幸福才把注意力放在自己的兒子上。

◎ 解析六

同父異母的「哥哥」、「杰勝」和同母異父的「弟弟」三個孩子靠在一起。

這三個孩子雖然來自不同的母親和父親，但是他們因父母親互為前任伴侶而進入系統成為三兄弟。

◎ 解析七

「那⋯⋯我爸跟現在的女人會有結局嗎？」

我們可以理解杰勝問這句話是對父親的關切，但是以「孩子」的立場，他並不適合問這句話，他要尊重父親的情感選擇。

　　這是家族系統排列的序位原則。

序位原則

尊重父母的隱私和情感生活
不問，也不說。

　　父母生下孩子，在序位上父母是「大」的，孩子是「小」的。對於父母的隱私和情感生活，孩子一定要給予尊重，不問，也不說，始終站在「孩子」的位置，不涉入其中。父母親之所以應受到尊敬，沒有其他原因，只因為他是「父母親」。

【採取行動，讓愛流動】

一、鼓勵杰勝主動親近父親，對他表達養育之恩。

　　（畢竟一個男人要把孩子拉拔長大確實不容易，不管他做得稱不稱職。）

二、常把遙遠的母親放在心中，與她做內在的連結。

三、跟哥哥好好相處，他們有相同的命運。

四、專心讀書，不去想：「爸爸跟誰在一起」。

【進入內在，讓愛流動】

如果你也有同父異母或同母異父的手足，你可以這樣做：

一、你先閉上眼睛找到一個安靜的時空地點，把生你的父母親放在你的面前，給他們深深的一鞠躬，在心中對他們說：謝謝你們給了我寶貴的生命， 我是你們的孩子，我以做你們的孩子為榮，不論你們是否跟我同住，你們是我最對的父母 ，如果你們不是我的父母，我就不是我。

二、你也向你的同父異母手足或同母異父的父母鞠躬，在心中跟他們說：我也尊敬你們，你們都負起了傳承生命的責任，我會和你們的孩子好好地相處， 他們是我的兄弟姊妹，他們豐富了我的生命。謝謝你們。

三、接下來轉身帶著你的父母給你的祝福慢慢回到你所處的環境。

【排列手法解析】

　　像這樣複雜的關係，以團體排列比較合適，可以敞開自己，清晰地看見動力，清晰地看見代表們的表情和身體的移動，感受動力的觸碰，而且在能量場的和好影響更深遠。

故事（6）爸，我尊重你的秘密

每個人都有一些或大或小的秘密，但是我們很難接受父母也有秘密。

一場雷陣雨的午後，排列師問參與排列工作坊的學員：

「有誰今天一定要排列？」

蕙心第一個舉手：「我，我今天迫切需要排列，請大家成全我。」

「我爸肝癌末期，現在住院，每天都在吃試驗藥品。不知道為什麼，我見到他就不由自主的發脾氣，心中充滿了憤怒。」

「照理說，爸爸的時日不多，我應該跟他關係好一點，可是我做不到，只要看到他，我就莫名其妙的憤怒，想跟他吵架，事後卻很自責。」

「小時候，爸爸常常打我，現在他病成這個樣子，我還有什麼好氣的？**唉！我不想跟爸爸生氣，可是卻由不得我。**」（**解析一**）

「到底我的憤怒是來自小時候的挨打？還是另有原因？我真的好想知道哦！我不想造成永遠的遺憾！」蕙心決心找到答案。

「好！我們來看看妳的憤怒是來自小時候的挨打？還是有

其他動力？好嗎?」

「好！我真的不想再生氣，我願意爸爸欣慰的走人生的最後階段。」

【排列過程】

説明：在排列過程中有加引號的指的是代表，沒有加引號的指的是本人，所以「蕙心」是代表，蕙心是本人。

一、排列師請三位學員代表「憤怒」、「挨打」和「其他動力」。

當三位代表各自站好位置時，**「憤怒」很有感覺的走向「其他動力」**，（解析二）他的眼睛直視「其他動力」，完全無視於「挨打」的存在。

答案揭曉了！蕙心對爸爸的憤怒來自其他的動力，跟小時候挨打無關。

二、到底這股動力是什麼呢？排列師繼續工作。他找一位學員代表「爸爸」，觀看「爸爸」和「其他動力」的互動。

只見「爸爸」看到「其他動力」時，**臉上流露欣喜的表情，好像看見他朝思暮想的人。他的情緒有些激動，快速向前走了兩步，忽然停下來，表情從欣喜轉為悲傷，低著頭好像很內疚的樣子。**（解析三）

「其他動力」臉上帶著稚氣像個孩子似的，可是**他看「爸**

爸」的眼神卻充滿害怕、憤怒。（解析四）

　　「爸爸」因此陷入痛苦，他猶豫了一會兒，勇敢往前移動，擁抱了「其他動力」。**他擁抱得那麼深，眼神流露出「父對子」的愛意。（解析五）**

三、排列師問蕙心：「妳有兄弟姐妹沒活下來嗎？」

　　「沒有！」蕙心很肯定的說。

　　排列師又問：「那妳爸爸有夭折的兄弟姐妹嗎？」

　　「也沒有！我阿嬤這一生最自豪的就是在那艱苦的時代，她一手把孩子扶養長大，一個也沒閃失。」蕙心記得阿嬤的話。

四、「那，這個孩子究竟是誰？」排列師正想加入其他的代表。

　　「會不會是……我……『同父異母』的兄弟姊妹？」蕙心直覺假設。

　　瞬間，現場的空氣彷彿凝結了，一片寂靜。

　　好久，好久，蕙心打破沉默。

「這是……爸爸的秘密，我不介入。」（解析六）

　　蕙心眼眶閃爍著淚光，有所體悟的說。

　　現場的學員被蕙心這句話震懾了。

五、排列師請蕙心站到「父親」面前，向父親鞠躬。

「爸，我尊重你，無論發生什麼事，你都是我爸爸。」

蕙心說完這句話，向排列師表示她想跪下來跟父親說話。

「爸，我尊重你的秘密。」

「我全然接受你，你是我爸爸。」

「爸……」蕙心跪著用膝蓋前進，一步一步靠近父親。

「爸爸」哭了，父女相擁而泣。

做完排列，蕙心先離開排列工作坊，她迫不及待要到醫院看父親。

或許，從今天開始，蕙心可以逐漸不再對父親生氣。

動力家系圖

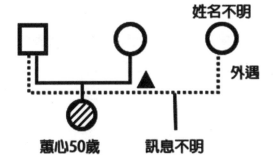

【案例系統脈絡解析】

◎ 解析一

蕙心說：「我不想跟爸爸生氣，可是卻由不得我。」

這句話道出了蕙心深深的無奈。如她所言，她明知父親的時日不多，理應跟他關係好一點，可是她就是做不到，只要看到父親，她就莫名其妙的憤怒，想跟他吵架，但不見他的時候，卻又很自責。

這是一種矛盾、糾葛、錯綜複雜的心情，當事人深深為它所困，可是卻又無力調整與改變。

這種讓當事人身不由己，彷彿被隱形拉力牽動的情況是受「動力」所影響。

◎ 解析二

當「憤怒」、「挨打」、「其他動力」三位代表各自站好位置時，「憤怒」很有感覺的走向「其他動力」，

他的眼睛直視「其他動力」，完全無視於「挨打」的存在。

排列不僅可以看出人與人的關係，也可以排出人與事、人與物之間的動力關係。排列師針對蕙心的疑問：「到底我的憤怒是來自小時候的挨打？還是另有原因？」安排「挨打」和「其他動力」進場。只要觀看「憤怒」往哪位代表移動，答案就揭曉。

由此小排列可知：蕙心的憤怒受「其他動力」的影響。

◎ 解析三

「爸爸」看見「其他動力」時，**臉上流露欣喜的表情，好像看見朝思暮想的人。他的情緒有些激動，快速往前走了兩步，忽然停下來，表情從欣喜轉為悲傷，低著頭好像很內疚的樣子。**

從爸爸的肢體語言透露他和「其他動力」的關係非比尋常。他對這個動力的情感很複雜，既是思慕、欣喜，又是悲傷、內疚，排列師因此判斷「其他動力」跟爸爸的關係很親。

◎ 解析四

「其他動力」**看爸爸的眼神卻充滿害怕、憤怒。**

我們的家族像一個大記憶庫，在這個記憶庫裏記載著各種動力信息。「其他動力」對蕙心的父親充滿害怕、憤怒，這是來自於他記憶庫裡的信息。

蕙心對爸爸的憤怒，同樣的也是來自記憶庫的信息，她是承接了「其他動力」對爸爸的憤怒。

這是家族系統中集體潛意識運作的整體原則和承接原則。

整體原則＆承接原則

當家族系統中有人被排除了，

某個成員會以承接的方式來填補，
直到被排除者重新被看到、被接受。

只要是家族系統的一分子，不管他發生什麼事，在家族裡永遠有一個位置，永遠都有歸屬於系統的權利（整體原則）。

當家族系統中有人被排除了，家中的某個成員會「認同」他，並且以「承接」他情緒或遭遇的方式，來填補被排除者的空缺（承接原則），為的是讓這個被排除者在家族中重新被看到、被接受（整體原則）。因「認同」而產生的「承接」現象，就違反了序位原則。

序位原則

回歸自己的序位來愛，尊重父母，不介入他們的關係衝突。

序位原則以這樣的了解在工作：每個人在家族裡按照長幼輩分的順序被敬重，如果家族序位沒受到敬重，家族成員之間就會產生緊張、衝突。

以親子之間的序位觀點來看，最重要的是「敬重父母」。敬重父母包括：尊重父母在家中的位置；感恩父母的付出；站在「孩子」的位置來愛父母，不試圖「幫助」父母而違逆自然的扶養秩序；在父母衝突中抽身，不涉入也不選邊站；尊重父母的個人隱私，不介入其中……等。

再來就是「全然接受父母」。全然接受父母除了感恩，接受父母給我們的生命之外，也包括無條件接納父母，即使父母曾經做過什麼事，或有什麼缺點，都全心接納他們；這樣做沒什麼原因，只因為他們是我們生命的源頭，是他們將我們帶到這個世界的。

如果我們因父母的行為而埋怨他們，生他們的氣，等於批判他們的錯誤，我們因此占上優越的位置，這就違反「父母是大的，我是小的。」神聖之序位。

◎ 解析五

爸爸向前擁抱了「其他動力」，**他擁抱得那麼深，眼神流露出「父對子」的愛意。**

從爸爸的擁抱和眼神，我們可以確定：他愛的這個人，是家族的一個晚輩，而且這個晚輩顯然被家族的成員所忽略。

◎ 解析六

蕙心眼眶閃爍著淚光，有所體悟的說：**「這是……爸爸的秘密，我不介入。」**

簡短的一句話，看出蕙心是一位多麼貼心、善解人意的孩子，她對於父親的過去完全沒有意見，只有尊重。

或許，「其他動力」真的是蕙心同父異母的手足，也或許不是。難得的是，蕙心只是「看見」，沒有「介入」，她尊重父親，不管父親發生過什麼事，她始終站在「女兒」的序位，不越界管父母的事。這是系統排列的序位原則。

　　根據經驗，做過排列後，事實會慢慢浮現出來。或許過不久，會有人跑出來說：「其實，我的身份是……」讓真相大白。

【採取行動，讓愛流動】

　　一場排列，無意中發現了爸爸的秘密，對蕙心來講情何以堪，但她能及時調整心態，尊重爸爸的秘密，這是多麼不簡單。

排列師鼓勵她：
一、以「女兒」的角色去醫院看爸爸（非照顧者），跟爸爸撒撒嬌。
二、在心中祝福爸爸，與爸爸多連結。
三、接受爸爸時日不多的事實，把握當下，共創美好的親子時光。
四、對爸爸又不由自主發脾氣的時候，要釐清那不是自己的情緒，它是承接來的情緒。

【進入內在，讓愛流動】

如果你發現你也被家族秘密所震撼的話，可以給自己一個內在的排列，這樣做會讓你輕鬆自在。

一、請找一個安靜的地方，閉上眼睛，給自己三個深呼吸。
二、請把你無意間知道的家族秘密擺在你的眼前，感受此時此刻身體承受的震撼力，並帶著尊重的心向這些秘密的主角們深深一鞠躬。
三、然後慢慢的後退，在心中跟他們說；我接受、我尊重、我也尊敬在你們身上所發生的一切事，我給你們深深的一鞠躬，並且我給你們最深的祝福，你們也是我們家中的一員，你們在我的心中有一個重要的位置。
四、到平靜下來後，你慢慢地張開眼睛，回到你所在的環境。

【排列手法解析】

當案情撲朔迷離的時候，用測試的方法往往能夠幫助我們找到答案，觀察肢體語言也是找到動力的線索，在這場排列，我用了二次測試的手法，第一次用在測試憤怒的來源；第二次用在測試是否為同父異母的手足。

故事（7）祖國，我想念你

二個祖國的新移民被迫早熟？

因著求生的本能，人類會移向經濟更繁榮的地方；就業機會更多的地方；更自由的地方；教育機會更多的地方，因此會願意忍受著離鄉背井之苦，移民至另一國家，到了新國家，因著文化差異；歸屬感的衝突，社會適應力較不足……會衍生出許多問題，世界各地都存在著移民（難民）的問題。

從一個系統移入另一個系統，有可能不被新系統的成員接受，也可能被新系統認為是入侵者，也可能自己不願意融入新系統，感覺到自己背叛了舊系統，任何一個系統被排除都會造成內在的痛苦，而且這種隱藏的原因往往不被我們所覺察。

思家由媽媽的朋友陪同來到排列工作坊。**她是一個高二女學生，長得很漂亮，看起來比同年齡的孩子成熟。（解析一）「我常常莫名其妙的緊張，無法放輕鬆。」（解析二）**

「我想考上國立大學，這樣媽媽比較不用負擔龐大的學費，可是我沒辦法安心讀書，不知道怎麼辦才好。再這樣下去，我一定考不上好學校，將來怎麼賺錢養媽媽？」思家說話時肩頸聳起，看起來真的無法放鬆。

「我們來排列，希望能安心讀書，考上國立大學，好嗎？」

【排列過程】

說明：在排列過程中有加引號的指的是代表，沒有加引號的指的是本人，所以「思家」是代表，思家是本人。

一、排列師請思家選兩位學員分別代表「思家」、「課業」。進入感知狀態後，思家」並沒有看「課業」，她的眼睛看著遙遠的窗外。

「來，說說妳的家庭。」排列師開始瞭解思家的家庭背景。

「我媽媽是越南人，她很辛苦，每個清晨五點就起床準備麵攤的食材。我爸對我媽不好，經常對她大聲小聲吼，喝醉酒還會打她。麵攤的生意都是我媽一個人在照顧，我爸只負責幫忙打烊，並且把一天的收入都拿走。」

「我阿公、阿嬤對我媽也不好，從來沒考慮我媽一個人做生意很辛苦，回家還要做很多家事，經常要忙到一、兩點鐘才睡覺。」

「我爸和阿公、阿嬤從來沒把我媽當家人看待，根本就是把她當『賺錢的機器人』嘛！我好心痛。」思家的眼眶泛著淚光。

二、排列師加入「母親」代表。

　　「母親」一進場域，「思家」馬上把目光轉向「母親」，一步步靠近她，臉上流露不捨的表情。**「母親」並沒有看女兒，她呵欠連連，看起來很疲倦，甚至連站都站不穩，搖搖晃晃的好像喝醉酒。（解析三）**

三、排列師加入「外婆」代表。請「外婆」站在「母親」背後給她支持。可是「母親」仍然站不穩，也沒力氣看女兒一眼。**「妳媽媽看起來很無力，連外婆都沒有辦法給她力量。妳知道媽媽的娘家曾經發生過什麼事嗎？」（解析四）**

　　排列師問思家。

　　「不知道耶。」思家搖搖頭。

　　「媽媽從來不曾提過她娘家的事情，這樣是不是就無法進行排列了？」思家很緊張。

　　「我想想……」

　　「對了！妳媽媽離鄉背井，千里迢迢從越南來台灣，她會不會想念祖國呢？」排列師突然想到。

　　「我們加入『祖國』看看。」

四、排列師加入「祖國」代表做測試。

　　奇蹟似的，「母親」有反應了。（解析五）她漸漸停止身體的搖晃，慢慢走向「祖國」。

排列師請「母親」對「祖國」說：

「祖國，我想念你。」

「我真的好想你……」（**解析六**）母親激動的說。

「祖國」伸出雙臂擁抱了「母親」。好久好久之後，「母親」臉上掛著滿足的笑容，慢慢走向「思家」。

「思家」喊了一聲：「媽……」

「女兒，我親愛的女兒。」母女喜極而泣。

五、排列師請「思家」手心朝上匍匐在地對「母親」說：

「媽，謝謝妳給我生命，謝謝妳為我做的一切。」

「我尊重妳的命運，請讓我把屬於妳的命運還給妳。」

「讓我用考上好的國立大學來報答妳、榮耀妳。」

（**解析七**）

當「母親」扶起「思家」時，「外婆」也靠近了，她一手擁著女兒，一手擁著孫女，三個人開心的笑了。

六、最後，排列師還請「思家」走向「課業」。「課業」也向前握住「思家」的手，兩人併排面向「母親」和「外婆」，接受她們的祝福。

動力家系圖

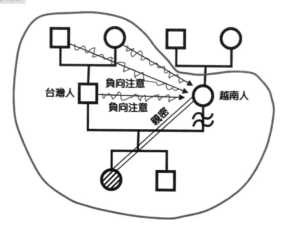

【案例系統脈絡解析】

◎ 解析一

思家是一個高二女學生，長得很漂亮，看起來比同年齡的孩子成熟。

　　思家是越南新住民的女兒，從小看到母親辛苦的工作，卻得不到合理的尊重與對待，她小小的心靈一定有無限感觸，提早對人生有所體悟。環境促使她比同年齡的孩子早熟，我們可以從她的言談略知一二。

一、想考上國立大學，減輕媽媽的學費負擔。

二、將來踏入社會要賺錢養媽媽。

三、心疼媽媽一個人做生意很辛苦，回家還要做很多家事，經常忙到一、兩點才睡。

四、心痛爸爸、阿公、阿嬤沒把媽媽當家人，只是把她當「賺錢的機器人」。

◎ 解析二

「我常常莫名其妙的緊張，無法放輕鬆。」

懂排列的人聽到思家這句話，大都會敏感到：「她是否受『動力』所影響？」當一個人被身不由己的情緒或行為所困擾，可是卻又無力調整改變，彷彿被某種隱形的拉力所牽動，這種情況極有可能受「動力」所影響。

其實，思家莫名其妙的緊張是承接了母親的情緒感受。思家的母親每天那麼忙碌，好像跟時間賽跑似的從早工作到深夜，身心的疲憊與壓力可想而知。思家心疼母親卻又無能為力，潛意識以「讓我來代替妳」的方式承接母親的壓力，而自己並不知道。

◎ 解析三

「母親」並沒有看女兒，她呵欠連連，看起來很疲倦，甚至連

站都站不穩，搖搖晃晃的好像喝醉酒。

這幕代表狀態呈現思家的母親每天辛苦工作，長期睡眠不足的情形。

思家的母親每天清晨五點就起床準備麵攤的食材，開始營業後都是她一個人在照顧麵攤生意，收攤後還要忙家事到一、兩點才睡覺，她一天的睡眠僅三個小時，從早到晚像陀螺般轉不停，經年累月下來任鐵打的身體也會受不了，更何況是一名弱女子。代表連站都站不穩的狀態，呈現思家的母親已經極度疲勞虛弱了。

◎ 解析四

「妳媽媽看起來很無力，連外婆都沒有辦法給她力量。妳知道媽媽的娘家曾經發生過什麼事嗎？」排列師問思家。

在排列中如果代表站不穩、沒有力量，排列師加入「父親」或「母親」代表站在背後給於支持，通常情況都會改善；如果情況沒有改善，表示個案還有其他隱藏的動力。

思家的媽媽有女性能量的支持仍然站不穩，表示還有其他的「動力」在影響她。

◎ 解析五

排列師加入「祖國」代表做測試。**奇蹟似的,「母親」有反應了。她漸漸停止身體的搖晃,慢慢走向「祖國」。**

在排列的過程中,如果「動力」被看見了,通常代表會穩定下來,看向「動力」或走向「動力」。

思家的母親在看見「祖國」後,身體不再晃動,慢慢走向「祖國」,這表示她的動力與「祖國越南」有關。

◎ 解析六

排列師請「母親」對「祖國」說:

「祖國,我想念你。」
「我真的好想你……」。

當我們出外旅行個一、兩週之後,即使這趟旅行多好玩仍然免不了想家,希望回家一趟改天再出來玩。這是人渴望和親人、生長的環境「連結」的本性。

思家的母親從越南嫁到台灣,婆家、娘家兩地相隔甚遠,不能常回家鄉探望,想家是必然的。可是她肩負一家的經濟重擔,成天馬不停蹄的工作,女兒都已經高二了,恐怕還未曾回

越南一趟呢！我們從她為女兒取名「思家」，可以知道她是多麼思念家鄉。

根據思家的描述，她的父親和阿公、阿嬤對母親並不好，只是把她當成賺錢的機器人，在這種情況下，一個女人的辛酸和委屈會增添她想家的情結。回到土生土長的家鄉，回到原生家庭見見親人，是多麼療癒。

這是系統排列的連結原則。

當排列師請「母親」對「祖國」說出：
「祖國，我想念你。」
「我真的好想你……」

母親對祖國的思念之情被表達出來，情感流動了，她就有力量繼續往前走。
這是家族系統中集體潛意識運作的連結原則。

連結＆流動原則

找回中斷的連結，
生命力就會流動，繼續往前走。

每個小孩天生都有想連結母親的自然本能，我們稱這個動

作為尋求「原始的愛」。同樣每個母親也有與生俱來的本能要照顧她的小孩，這份愛既強烈又無條件，大自然以這種方式確保每個孩童的生存。

因此母親、小孩在這兩種本能驅策下發展出強烈的連結，即使小孩已成人了，連結的本能仍然不改變。

本篇透過思家的母親探討了廣義的連結——與生長環境及國家的連結。一個人若與父母失聯，或與環境、國家失聯會像浮萍一樣沒有根四處漂泊，內心不安穩，外在虛弱無力。台灣目前有愈來愈多新住民加入新家庭系統，因「失去連結」所產生的身心問題應被關注並給予協助。

要如何讓失根的人穩定下來，心不再流浪呢？家族排列可以協助重新建立起這份連結。一旦個案在排列中完成修復中斷的動作，他的生命力就會流動，重新得力繼續往前走。

◎ 解析七

排列師請「當事人」手心朝上匍匐在地對「母親」說：

「媽，謝謝妳給我生命，謝謝妳為我做的一切。」
「我尊重妳的命運，請讓我把屬於妳的命運還給妳。」
「讓我用考上好的國立大學來報答妳、榮耀妳。」

思家為什麼沒辦法安心讀書？主要是她將母親的擔子扛在自己肩上。

　　基於小孩對母親「盲目的愛」，思家想要為母親承擔一些心理上的包袱，可是小孩無法理解：他的努力是徒勞的，不管有多痛苦，人人都必須自己面對人生中發生的事。而且當小孩扛起父母親的時候，他的角色轉換了，變得比父母「大」，違反了神聖序位。

　　因此排列師才請「當事人」手心向上匍匐在地的深沉姿勢，向母親表達敬重與感恩。當當事人如此做的時候，他回到孩子的位置，匍匐的動作讓他沒辦法再「扛」任何東西。這樣他才能交出不屬於自己的命運，往前邁進，去完成自己的夢想。

　　這是系統排列潛意識運作的序位原則。

序位原則

帶著「有意識的愛」歸還重擔，
沒有人可以讓別人的命運圓滿，
也沒有人可以承擔別人心裡的重擔。

　　每個小孩都渴望歸屬父母親，和他們很親密，基於這份深刻的生物依戀連結，小孩會無意識承擔父母的痛苦，或甚至

願意為父母而死。我們稱這種愛叫「盲目的愛」（或無意識的愛）。

在家族系統排列的情境中，排列師會嘗試讓個案瞭解：想要承擔另一個人的痛苦是沒用的，非但沒將痛苦減半，反而變成兩個人在受苦。當小孩承擔父母親的痛苦，就是否定父母超越自身痛苦的能力，而且也不了解父母愛他，不想要他經歷自己痛苦過的創傷。

當個案有這份瞭解之後，比較容易從「盲目的愛」跨進「有意識的愛」，並且分辨兩者的人生截然不同。「無意識的愛」可能對母親（或父親）說：「你的人生有這麼多痛苦，讓我來為你承擔。」。

但「有意識的愛」可能這樣對母親（或父親）說：「謝謝你給我生命，謝謝你為我做的一切。我看見你人生中曾有痛苦，我將它留給你，我讓你自己承擔。」

「有意識的愛」不是冷酷無情，而是以比較成熟的方式愛父母，敬重父母的神聖序位及命運，歸還重擔而讓自己獨立。畢竟獨立可以讓人找到強大的力量，它是「長大」的路徑之一。但要跨出這一步，帶著「有意識的愛」與父母互動，是需要勇氣的。

【採取行動，讓愛流動】

建議思家回家後可以採取下列行動：

一、經常用空椅代表母親，跪下來對母親說：

　　「媽，謝謝妳給我生命，謝謝妳為我做的一切。」

　　「媽，我尊重妳的命運，讓我把屬於妳的命運還給妳。」

二、經常觀想外婆一手擁著母親，一手擁著她的畫面，由這畫面連結「女性能量的支持」，而不是扛著母親的命運。

三、當讀書分心時，心裡想著母親，對她說：「讓我用考上好的國立大學來報答妳、榮耀妳。」

四、與母親談談外公外婆，談談越南家鄉的情況，看一些越南的影片，並與外公外婆常保持聯繫。

五、主動替母親分擔些家事。

【進入內在，讓愛流動】

如果你也是新住民，你肩上也有重擔的感受，那麼你也可以這樣做：

一、先讓自己安靜下來，並排放兩張椅子，一張代表是媽媽的祖國，另一張代表爸爸的祖國。

二、然後請你坐在媽媽的祖國的椅子上，感受媽媽的祖國給你的支持和滋養，感受你屬於這個國家，站起來給媽媽的祖國一個鞠躬。

三、踏實了之後，站起來對爸爸的祖國一鞠躬，接下來坐在爸爸的祖國的椅子上，感受爸爸的祖國給你的支持和滋養，感受你也屬於這個國家。

四、感覺踏實了之後，站起來給爸爸的祖國一個鞠躬，面對者爸爸跟媽媽的祖國逐漸的向後退，跟他們説我屬於這兩個國家，我感謝這兩個國家，我擁有這兩個國家的血統，我很榮幸，我也很踏實，我已做你們的子孫為榮。

帶著這樣的感受，進入每天的生活中。

故事（8）爸，讓我靠近你

風箏斷線只有向下墜落的結局，當連結父母的線被剪斷，只剩下空茫。

　　雅彤今年二十歲，五年前全家從中國大陸移民到美國。她有一張清秀、蒼白的臉蛋，深邃的眼神流露著濃濃的憂鬱，纖細的體型看起來十分瘦弱，彷彿一陣強風就可以把她吹走似的。（解析一）

　　「唉！為什麼我這麼不快樂？」雅彤坐下來，就表明她經常情緒低落，沒來由的憂鬱和煩躁。

　　「從小我就很在意別人的眼光。而且，**我常常覺得『不被愛』，莫名其妙有一種『被拋棄』的感覺，**（解析二）所以我不敢談戀愛，雖然我的同學們很多都雙雙對對的，我也無法跟同輩相處，我怕受傷……」雅彤喃喃道出人際關係的困擾。

　　「你與父母親的關係如何？」排列師試着找尋可能影響她的人。

　　「**我與父親的關係不好，很生疏。他常常對我語言暴力。**」（解析三）說到父親，雅彤臉上露出驚恐的表情。

　　「多說點。」排列師鼓勵他。

　　「我十五歲那年，我們全家移民到美國，爸爸在當地開了

一家中醫診所。爸爸的英文不好，**他要我在診所當翻譯，如果我中醫的專有名詞翻譯不出來，他就當眾罵我，罵得很難聽，甚至發脾氣亂摔東西，我的壓力好大，實在擔不起這個家的重擔，但又不忍心讓爸爸一個人獨挑我們家的生計。**」（解析四）

「我在學校的成績並不好，大部分的時間都花在爸爸的中醫診所，可是爸爸體會不到。上學年我被當掉一門學科，我不敢告訴爸爸，自己節省伙食費和零用錢，好不容易才湊足學分費，把該學科補修完。」。

「我也不知道為什麼，只要一談到爸爸就好想哭……嗚……」（解析五）

雅彤的眼淚一發不可收拾。

「我希望我能像別人一樣，能自在地親近爸爸。」

【排列過程】

説明：在排列過程中有加引號的指的是代表，沒有加引號的指的是本人，所以「雅彤」是代表，雅彤是本人。

一、排列師請雅彤選出兩位學員，分別代表「雅彤」和「父親」，並且排出他們的位置。

只見「雅彤」面向「父親」，神色悲傷。「父親」的臉上

有著更大的悲傷，目光凝視遠方，並沒有注視眼前的女兒。

二、排列師問雅彤：「妳家有沒有人發生過重大事件？」。

　　「我爺爺曾經在文革被關在地牢三年，出來以後整個人都變了，終日鬱鬱寡歡，他不管兒女，也不理會老婆，徑自活在自己的悲傷中。我爸爸受不了這樣的家庭氣氛，很早就離開家，後來移民到美國。」

三、排列師選了一位學員代表「爺爺」。

　　當「爺爺」出現時，「父親」激動得哭了。「爺爺」彷彿沒有聽見兒子的哭聲，他低頭沉浸在自己的悲傷中。

　　排列師說明這一幕呈現雅彤的父親承接了他父親的悲傷，身心俱疲，無心親近兒女的動力。**強烈的悲傷，和親子疏離的戲碼，正一代又一代在他們家上映著。**（解析六）

四、爾後，排列師請「雅彤」對「父親」深深一鞠躬，誠心誠意的說：

　　「爸，我尊重你的命運。」
　　「感謝你賜給我生命，沒有你就沒有我。」
　　「爸，讓我靠近你……」
　　「爸……」
　　「雅彤」發自肺腑的聲聲呼喚，終於喚醒了「父親」。他大夢初醒似的，漸漸的把目光移向女兒。

「爸⋯⋯」

「女兒⋯⋯我的乖女兒⋯⋯」父女相擁而泣。

所有的悲傷和疏離感瞬間瓦解。此時，雅彤和她父親是如此的靠近。

動力家系圖

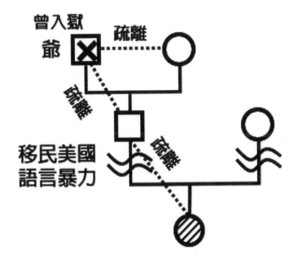

【案例系統脈絡解析】

◎ 解析一

雅彤有一張清秀、蒼白的臉蛋。纖細的體型看起來十分瘦弱，

彷彿一陣強風就可以把她吹走似的。

通常我們可以從一個人的外貌、體型判讀出他帶著什麼樣的家庭動力。有經驗的排列師看雅彤臉色蒼白，體型纖細、瘦弱，一副弱不禁風的樣子，判讀她可能與父母失去連結。

父母親是支持孩子生命的大力量，一個與父、母失去連結的孩子，他的生命力會比較薄弱，外表就顯現出纖細、瘦弱、蒼白的樣子。

◎ 解析二

雅彤說：**「我常覺得『不被愛』，莫名其妙有一種『被拋棄』的感覺。」**

「不被愛」、「被拋棄」的感覺，大多來自與父母中斷連結。

一個從小沒被父母親呵護的人，「愛的需求」沒被滿足，常常會覺得自己有父母，卻像孤兒一樣無依無靠，彷彿被父母拋棄似的。

雅彤的雙親雖然健在，但他們身處異鄉，注意力都專注在生計上，根本無暇關注孩子。尤其她的父親，從小就與父母失聯，沒有得到父母的疼愛，所以也給不出去父愛。因此，

孤獨、不被愛、沒歸屬感、被拋棄的感覺，成為雅彤的生命基調。

這是系統排列的連結原則。

連結原則（有連結生命才能流動，連結原則是流動原則的方法）

孩子必須與父母連結，

從父母獲得支持力量，

才能走向完成和圓滿。

每個孩子天生都想與父母連結，我們稱這種本能叫「尋求原始的愛」。

如果父母親很早就與小孩分離，或因為某些緣故，很長一段時間無法照顧小孩，都可能導致這種自然連結被打斷。當與父母中斷連結，孩子的心靈破碎、受創，生命力會顯得薄弱，身心自然無法走向完成和圓滿。

◎ 解析三

「我父親常常對我語言暴力。」雅彤臉上露出驚恐的表情。

從語言暴力這件事看出，雅彤的父親是一位內在沒有力量的人，他為了不讓人識破他的無力，只好虛張聲勢，用粗暴

的語言和行為來對待女兒，裝出一副「很強」的樣子來武裝自己。

「內在無力」也是一種與父母失去連結的現象。一個與父母失聯的人，好比一棵樹紮根太淺，根部不穩，自然晃動、沒有安全感，情緒容易受外界影響。

同樣是與父親失聯，雅彤用「柔弱的外表」來表現她內在的無力，而她的父親則用「暴力的行為」來武裝他內在的虛弱。

◎ 解析四

「爸爸要我在診所當翻譯……我的壓力好大，實在擔不起這個家的重擔，但又不忍心讓爸爸獨挑我們家的生計。」

在家族系統中，父母親的序位是「大」的，負責家庭生計，照料家庭及養育子女的職責。子女的序位是「小」，在父母健在，子女未成年的前提下，照料一家生計的重責是由父母親承擔的。

雅彤違反了女兒是「小」的，父親是「大」的神聖序位，挑起了中醫診所的重任，這對於一個未成年的學子而言，是承擔不起的，因此她才會常覺得緊張、有壓力，並且與父親的關係不和諧。

雅彤需要學習的是「尊重」父親，而不是「同情」父親。

做女兒的並非不能分擔家庭負擔，而是要明白：畢竟負責一家生計的人是父親，女兒只需要幫忙，不能把它視為己任。

這是家族系統中潛意識運作的序位原則。

序位原則

家族系統中，長幼有序，
每個人有屬於自己的「位置」。

序位原則是家族排列系統裡重要的法則之一。它指的是在家族系統裡，每個人按照進入這個家的時間順序，而有一個屬於自己的「位置」。例如：爸爸、媽媽結婚組織一個小家庭，所以他們在這個家有第一優先的序位。接下來，他們生了小孩，孩子也有兄（姊）、弟（妹）先後順序的排行。每個人按照在這個家庭的「位置」被尊重，並且履行其責任、義務。

當家庭的序位倫理被遵守，家人之間會有一種自在、放鬆的感覺，反之，如果序位倫理沒受到敬重，家人之間會感到緊張、有壓力、關係不和諧。更嚴重的，這種失序將會帶給這個家痛苦與失敗的教訓，直到這個家庭的成員有所領悟，回歸屬於自己的序位為止。

◎ 解析五

「我不知道為什麼，只要一提到父親就好想哭……嗚……」雅彤的眼淚一發不可收拾。

每一個人的內在，對父母親和家人或多或少懷有「忠誠」的愛。這是一種潛意識的嚮往，以為透過與父母親相同的行為可以保持「和父母連結」，或和家人保持「同一國」的歸屬感。

雅彤從小看父親不快樂，十五歲開始參與父親中醫診所的事務，更能感同身受父親的壓力和生活的艱辛。乖巧、體貼的她，出自孩子對父母親「忠誠」的愛，她看父親不快樂，自己也快樂不起來。

雅彤在潛意識已經承接了父親的悲傷，可是她自己並不知道，錯把父親的悲傷當成自己的。

這是家族系統中潛意識運作的承接原則。

承接原則（認同產生的結果，當承接發生，就違反了序位原則）

出自於孩子對家人的「忠誠」，
一旦認同了某位家人，
就承接了那位家人的情緒感受和命運。

家族系統中所謂的「忠誠」，是指孩子會做出跟父母親或

家人相同的事，來保持「和父母連結」或「和家人同一國」的歸屬感。例如：父母親的婚姻失敗，孩子潛意識不敢過得比父母親幸福，所以他的婚姻也同樣失敗觸礁。如果一個家庭中的哥哥意外死亡，手足中有人也會經常發生意外或甚致死亡。

　　承接原則講的就是，一個人基於這種忠誠的愛，一旦認同了父母親，或某位家人的遭遇和情緒，就可能在無意識中跟隨了他們，讓父母親的不幸重複到下一代，或重演了某位家人的故事。

　　要如何突破這個重複的宿命？答案是要覺察到這種「忠誠」是一種盲目的愛，不成熟的愛。要有勇氣承擔內心的「愧疚感」，即使父母親的婚姻不幸福，也要讓自己的婚姻幸福；即使手足沒存活下來，也要讓自己好好活著。用幸福快樂的婚姻來報答父母親，用好好發揮生命來紀念手足，這才是成熟的愛，智慧的愛。

◎ 解析六

強烈的悲傷，和親子疏離的戲碼，正一代又一代在他們家上映著。

　　在家族排列中，我們常看到上一代的故事，不知不覺在下一代重演。雅彤父女就是個典型例子：雅彤的父親，承接了他父親的悲傷和親子的疏離感；雅彤也不知不覺重踏覆轍，承接

了她父親的悲傷和親子疏離的命運。

這是系統排列的承接原則。

另外，雅彤父女表面上看起來很疏離，內在卻連結很深，他們用相同的命運相互連結，使家中的戲碼重複上映著。
這也是家族系統中集體潛意識運作排列承接原則。

【採取行動，讓愛流動】

參加家族排列工作坊，是一個好的開始。建議雅彤回家後，可以做下列三件事讓親情持續流動。

一、常常提醒自己回到「女兒」的序位

尊重序位，回歸自己的序位來愛父親和這個家。
女兒就是女兒，只需負起「女兒」的責任，無需扛起「父母」的重任。

二、多喊：「爸爸」

為人兒女，不管年紀多大，在父母親眼中始終是個孩子。
建議雅彤有事沒事，見到父親就喊一聲：「爸……」。

經常爸爸長，爸爸短，噓寒問暖，可以增進父女感情，也提醒彼此的角色定位。

三、告訴自己：「我用快樂來榮耀父親」

天下父母心，每位父母都希望孩子過得好。

如果雅彤讓自己的日子過得快樂又幸福，用「快樂」來榮耀父親，她的父親一定非常欣慰，這是她送給父親最好的禮物。

【進入內在，讓愛流動】

如果你也有類似的情況，譬如：你的父母或你的祖父母，或很親近的長輩，受了很大的折磨，比如戰爭的痛苦；入獄受虐；精神恍惚；行屍走肉……使得你也感受不到生命力。

一、你可以找一個安靜的空間，靜靜的坐下來，閉上眼睛，給自己三個深呼吸，每吸一口氣感覺自己更加的放鬆，每吐一口氣感覺自己更加的深沉。

二、接下來運用你的想像力，彷彿你真的看見長輩們正在承受著痛苦，你的父親或母親無力，你自己也搖搖欲墜，了無生趣。

三、現在再用你的想像力，看見一道白光照在相擁的爺爺輩和爸爸輩們的身上，他們感受到無比的欣慰，無比的滿足，他們的心重新在一起了，那道白光又照向自己，祖孫三代都籠罩在光中，享受溫馨與親近。在這樣的感受中直到滿意為止。

四、然後慢慢張開眼睛回到你所在的環境。

故事（9）大媽，感謝妳讓出位置

有時候，人受苦是因為不知不覺干預了別人的事或佔了別人的位置。

　　徐媽面帶愁容走進排列工作室，她很瘦，臉色黯沉，看起來很累，好像長期睡眠不足的樣子。

「我兒子現在25歲，長期有呼吸困難的毛病，動不動就進加護病房，可是又檢查不出病因，好幾次差點沒命。（解析一）

　　我每天提心吊膽的，深怕他有狀況，這孩子受苦了，我的身體也不好，三天兩頭的打點滴，但是我兒子比較重要，真不知道他到底怎麼啦？」徐媽說到兒子的病，心疼得掉下眼淚。

　　「還有，女兒也讓我很傷腦筋。其實這個女兒是我朋友的孩子，她的父母離婚，母親把她寄養在我家。**我沒有生女兒，把她當成自己親生的女兒，可是她跟我一點也不親，而且很難教，動不動就頂嘴發脾氣。（解析二）**

　　唉～我不知道要怎樣改善我們的關係？」徐媽為孩子的管教問題煩惱。

　　「老師，我想知道我該怎麼辦?」

　　「好的，我們來排列，找到解決的方法。」

【排列過程】

　　說明：在排列過程中有加引號的指的是代表，沒有加引號的指的是本人，所以「徐媽」是代表，徐媽是本人。

一、排列師請徐媽找三位學員代表「徐媽」、「兒子」、「女兒」，看他們互動的情形。
　　只見**「徐媽」呈現無力狀態，像喝醉酒似的站在原地前後搖晃。「兒子」一手摸著胸口一手扶牆壁，大口的吸氣、吐氣。「女兒」雙手插腰，抖著腿，一副目中無人的樣子。**（解析三）

　　三位代表各站一方，誰也沒看誰。

二、「說說妳的父母。」排列師想多瞭解「徐媽」的家庭背景。
　　「我的父親是大陸人，來台灣之前已經有老婆和一個兒子，可是他們母子都沒跟來台灣，我父親來台後再娶了我母親，生下我。」
「兩岸關係開放之後，我爸把所有的積蓄和退休金都拿到大陸探親，我媽氣死了，直說枉費她跟著我爸吃苦那麼多年，竟然不如大陸的女人。」（解析四）

三、排列師聽到此，找一人代表「大媽」進場。

　　「徐媽」一看到「大媽」，一手叉腰一手指著她鼻子，很生氣的樣子。「大媽」臉上的表情軟弱、無辜，隨著「徐媽」一步步逼進，她只好一步步退後，最後躲在徐媽「兒子」的背後。

　　此時，徐媽的「兒子」開始氣喘。

四、排列師找兩位學員代表徐媽的「父親（徐父）」、「母親（徐母）」。

　　「徐父」一出現就看「大媽」。「徐媽」氣呼呼地擋在「徐父」面前，不讓他靠近「大媽」。「徐媽」衝到「大媽」面前，伸手要把「兒子」拉過來……碰！徐媽的「兒子」突然倒在地上，滿臉通紅氣喘吁吁的在地上打滾。

　　「徐媽，妳留意到妳兒子什麼時候開始氣喘？什麼時候倒在地上打滾？」排列師問徐媽。

「當我逼進大媽時，兒子開始氣喘。」

　　「當我要把兒子從大媽背後拉過來時，兒子突然倒在地上。」（解析五）徐媽回答。

「妳兒子是妳們家的一面鏡子，如實的反映妳們家的狀況。（解析八）

　　妳願意為你兒子做些改變嗎？」排列師問。

　　「我願意！為了我兒子，我什麼都願意。」徐媽語氣堅定。

五、排列師請「徐媽」代表回座，讓徐媽親自恭敬的向「大媽」深深鞠躬。

「大媽，妳一個人撫養孩子真辛苦。我尊敬妳。」

「妳失去了妳的丈夫，才有我們現在的家庭，（解析六）我感謝妳。」

「大媽，感謝妳『讓出位置』……」（解析六）徐媽很有感情的跟著排列師一字一句的說。

六、接著，排列師請徐媽對「徐母」說：

「媽，我捲入妳和爸爸、大媽之間的戰爭，我要從妳們的戰爭中撤離。」說完後退一步拉開距離。

「媽，我知道妳很辛苦，謝謝妳撫養我，謝謝妳為我們家所做的一切。」

「媽，對不起，我無法承擔妳對爸爸和大媽的憤怒。」徐媽跪在母親面前淚流滿面。（解析七）

七、徐媽說完話，「兒子」深深的吐了一口氣，彷彿釋放掉他多年來當「夾心餅乾」的為難。他的氣色恢復正常，從地上站起來。

八、排列師並沒有在朋友女兒的管教問題多著墨，他告訴徐媽：

「妳朋友的女兒處在父母失和的情況下，內心難免衝突、

分裂，在管教上本來就不容易，再加上她被寄養在妳們家，就使管教問題更加棘手了。」

「她寄養在妳們家，妳只能以長者的身份給她愛，關心照顧她，但卻不能說『她是妳的女兒』。」

九、說完，排列師請徐媽對朋友的女兒說：

「孩子，我只能盡心照顧妳、疼愛妳，不能取代生妳的母親。」

「孩子，我尊重妳的父母親。」

動力家系圖

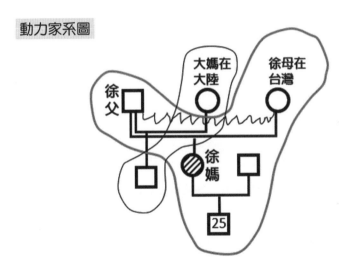

【案例系統脈絡解析】

◎ 解析一

徐媽說：「**我兒子長期有呼吸困難的毛病，動不動就進加護病房，可是又檢查不出病因，好幾次差點沒命。**」

人體有任何不適，首先要看醫生，做醫學檢查。但如果長期無法改善毛病，每次症狀來得又急又猛，醫學又檢查不出病因時，建議可以往家族系統排列方向探討，通常在此領域，可以找到影響此人的家族「動力」。

有太多個案在系統排列工作坊，因為看見「動力」和解後，身體不藥而癒。徐媽媽帶著這樣的議題走進排列工作坊，她是來對了，有經驗的排列師一聽就知道其中隱藏了「動力」。

在此，「動力」指的是在冥冥中一種推動的力量，在不知不覺中造成了一個不明原因的結果。

◎ 解析二

「**我沒有生女兒，把朋友的女兒當成自己親生的女兒，可是她跟我一點也不親，而且很難教，動不動就頂嘴發脾氣。**」

寄養的情況是將孩子與父母分開，因此也讓孩子離開他的根。孩子一旦離開他的根，身心必然受創，甚至會覺得自己被父母遺棄而憤憤不平，在這種情況下他很難接受別人的善意，在潛意識中也有可能對寄養家庭的媽媽生氣，好似寄養家庭的媽媽占了親生媽媽的位置一樣。

徐媽的朋友爭得了孩子的撫養權，卻把孩子寄養在徐媽家，對孩子來講情何以堪。孩子不僅與父母分開，還被迫送到一個不熟識的家庭，內心必定有很大的反抗，當然會造成徐媽管教上的挑戰。

這是家族系統排列的連結原則。

連結原則（有連結生命才能流動，連結原則是流動原則的方法）

孩子與父母分開，
猶如失根的蘭花在風中搖曳。

每個孩子都需要父母親的養育身心才能完整圓滿。但是有些孩子並不是那麼幸運，他們被迫與父母分開，被寄養（或領養）在別的家庭，這讓他們離開了根，猶如失根的蘭花在風中搖曳，身心無法安定。

從家族系統的觀點來看，如果一個孩子必需跟父母分開，對孩子最好的選擇通常是讓他到最近的親屬那裡，譬如爺爺奶奶、姑姑、叔伯、外公外婆、阿姨、舅舅。留在這些近親身邊，對孩子來說是干擾最少的情況，畢竟他還是離自己生物上的根源很近。

領養孩子的問題更複雜。有些孩子或許從來不知道自己的身世，但是他們潛意識中就是會有一種與父母失聯的漂泊、

不穩定感。知道自己被親生父母送走的孩子，更是會覺得被遺棄，可能在人格上形成「不敢要」、「不配得」等低自我價值傾向。

在家族系統排列的案例中常看到：被領養的人對親生父母處於又悲傷、又憤怒的狀態，尤其當親生父母沒有任何明確的必要性，只因她是女孩就將她送走的時候常是如此。

進行家族系統排列時，對領養議題的解決之道是：邀請來訪者（或稱案主，或稱當事人）看著親生父母，（如果親生父母在場）或親生父母的代表說：「謝謝你們給我生命，這是我從你們那裡唯一得到的，我會把它當成你們給我的珍貴禮物。現在我會像你們曾經為我決定的那樣，走向我的養父母。你們已經將我永遠送走了，現在我從心裡讓你們離開。」對所有牽涉其中的人來說，這樣通常感覺最好（這是屬於非必要性遺棄的情況）。

當案主能夠接受親生父母的決定，接受這已成定局，或許他就能跟養父母連結，表達對他們的養育之恩。

◎ 解析三

在代表狀態中，

「徐媽」呈現無力狀態，像喝醉酒似的站在原地前後搖晃。

「兒子」一手摸著胸口一手扶牆壁，大口的吸氣、吐氣。

「女兒」雙手插腰，抖著腿，一副目中無人的樣子。

這幕，代表狀態呈現徐媽、她兒子和朋友的女兒三人的真實狀況。

徐媽：疲憊、虛弱，受困於眼前的問題而無力解決。

徐媽兒子：長期受氣喘所困。

朋友的女兒：一幅吊瑯噹的樣子，很難管教。

◎ 解析四

「兩岸關係開放之後，我爸把所有的積蓄和退休金都拿到大陸探親，我媽氣死了，直說枉費她跟著我爸吃苦那麼多年，竟然不如大陸的女人。」

兩岸開放後，這齣戲確實在很多家庭上映。來台再婚的丈夫覺得虧欠大陸的前妻，拿點錢回去探親也算是補償、了心願。在台的第二任老婆卻無法接受老公把他們省吃儉用存了幾十年的積蓄拿去給外人用，於是乎兩人吵吵鬧鬧、長期不講話，與其說女人爭的是金錢，勿寧說她爭的是男人對這個家的照顧責任。小孩最可憐，夾在父母之間好為難。

以家族系統的觀點，對於這個議題的建議是：對新的家庭系統的照顧要優先於前一個系統，而後一個系統的「徐媽」要尊重「大媽」在丈夫心中的重要位置。

　　這是家族系統中集體潛意識運作的序位原則。

序位原則

在兩個家庭系統之間，
新的家庭系統會優先於前一個系統。

　　在單一家庭系統中，序位原則強調先來的家庭成員優先於後來的成員。（例：長幼有序）但在兩個家庭系統間情況恰好相反：新的家庭會優先於前一個家庭。

　　再婚的人要承認與前一任配偶的關係已經結束，用這樣的方式來敬重前妻、前夫，全心投入新配偶，尤其是新的孩子身上，為現在這個家庭負起責任。

　　我們離開原生家庭也像這樣，當一個女人與一個男人結婚組織了家庭，就要放掉原生家庭的束縛力，把新生家庭擺在原生家庭之上，好好照顧孩子及家庭。這是大自然給予新生家庭的優先性，為的是照顧物種的生存。

◎ 解析五

當「徐媽」逼進「大媽」時，「兒子」開始氣喘。

當「徐媽」要把「兒子」從「大媽」背後拉過來時，「兒子」突然倒在地上。

「徐媽」的「兒子」認同了外公的前妻，承接了她的情緒感受及氣喘（事後求證）的毛病。

可是在現實生活中這個「兒子」知道媽媽、外婆和外公的前妻是敵對的，這讓他好為難，所以當媽媽伸手要把他拉過來選邊站時，他無法承受這種拉鋸戰的壓力，就休克暈倒。其實在另一方面，這孩子也反映徐媽的內心狀況，關於這點，留待【解析八】再詳加說明。

這是家族系統中集體潛意識運作的承接原則（認同的結果）。

承接原則

「讓我來代替你」

「寧願是我而不是你」

「承接」是家族牽連糾葛的基本型態之一，可能帶來疾病或痛苦。當一個人認同家族系統中的某人，他就會承接此人的感受或心態，彷彿「變成」那個人，下意識努力等同於他。

承接者通常有「讓我來代替你」、「寧願是我而不是你」的心理。海寧格描述過一個例子：有一戶貧窮人家，太太又懷孕了，夫妻倆非常擔心沒有足夠的錢養活新生兒，他們年幼的長子覺察到這個問題就生病，最後死了。年幼的長子以「讓我來代替你走」、「寧願我走而不是你走」的方式讓出物資給新生兒。

　　承接者認為人可以讓另一個人從痛苦或重擔中解脫，如果家人生病，那麼她可以承接這個病，用這樣的方式拯救家人。這種孩童般的信念讓人深深動容，但卻是盲目的愛與忠誠。

◎ 解析六

　　「徐媽」說：「**大媽，妳失去了妳的丈夫，才有我們現在的家庭。**」
　　「徐媽」說：「**大媽，感謝妳『讓出位置』……**」

　　如果「徐媽」的父親當年帶著前妻和兒子來台灣，那麼他就不可能再婚生下「徐媽」。正是因為大媽沒跟過來台灣，她失去了丈夫，「讓出位置」給「徐媽」的母親，才有「徐媽」他們現在的家庭。所以「徐媽」家人要感謝大媽，並且對大媽的「位置」給予承認與尊重。

以家族系統集體潛意識的運作，認為：前夫、前妻與前任伴侶也是系統裡的一份子（屬於前面系統），他們對後面婚姻系統及孩子有很大的影響。如果前面婚姻的「位置」沒被承認與尊重，或者當時以一種不公平的方式結束關係，那麼第二任婚姻潛意識會覺得虧欠第一任婚姻，於是在無意識中以讓婚姻失敗、身心疾病、工作或事業上的損失等方式來做補償，或者他們所生的孩子會有人認同前任的配偶（伴侶），造成親子關係失和或孩子未來的婚姻破裂。

所以對於前面系統的「位置」要確確實實予以承認及尊重。

這也是家族系統中集體潛意識運作的序位原則。

◎ 解析七

當「徐媽」說：**「媽，對不起，我無法承擔妳對爸爸和大媽的憤怒。」**此刻，**「徐媽」跪在母親面前淚流滿面。**

徐媽媽看起來似乎很維護母親，屢次站在母親這邊指責大媽，但其實她內心很累，早就想停止這齣戲碼。

為什麼她會感到疲憊承擔不起？因為她捲入父親、母親和大媽的戰爭，在序位上僭越了「女兒」的位置，涉入父母的衝突。所以當排列師請她對母親說出：「對不起，我無法承擔妳對爸爸和大媽的憤怒。」哇！那真是說到她的心坎裡了，她才

會淚流滿面。

◎ 解析八

　　排列師說：**「妳兒子是妳們家的一面鏡子，如實反應妳們家的狀況。」**

　　「徐媽」基於女兒對母親的「忠誠」，她捍衛自己的母親，即使內心疲憊不堪仍然繼續撐著，沒有覺察自己的壓力已經到達無法承受的地步。她的兒子感受到母親不勝負荷，於是以「讓我來代替妳承擔」、「寧願我受苦而不是妳」的方式來承接母親的壓力，這就是他經常發病出入加護病房的原因。

　　所以「徐媽」的兒子是以氣喘來讓大媽的「位置」被承認與尊重；以休克暈倒的方式來反映母親的內心壓力。他是一面鏡子，如實反映徐媽家的狀況。

【採取行動，讓愛流動】

建議「徐媽」回家後要做下列幾件事：
一、改口叫朋友的女兒名字，不能再稱她為女兒。
二、要親口對朋友的女兒說：
　　「孩子，我只能盡心照顧妳、疼愛妳，我不能取代生妳的

母親。我尊重妳的父母親。」

三、對父母親表達自己的為難，不再涉入父母的衝突。

四、向父親表達尊重並感謝大媽的存在。向母親表達尊重父母親與大媽之間的矛盾關係。

五、主動跟兒子提及在排列的發現，謝謝兒子，並向兒子承諾不再涉入父母的衝突。

【進入內在，讓愛流動】

　　如果你發現你也不知不覺以別人的責任為己任的話，可以給自己一個內在的排列，這樣做會讓你放下肩頭的重擔。

一、請找一個安靜的地方，閉上眼睛，給自己三個深呼吸。

二、請把一些跟你生活有關係但他們正陷於痛苦或陷入某種困難或糾葛中的人放在你的腦海中，回憶你對他們的印象，他們的表情、他們做過的事、他們彼此怎麼相處……這些點點滴滴發生過的事情。

三、現在你運用想像力，把他們從腦海中移出，放到一個比你眼睛高一些的舞台上，你如是的看見他們相處的樣貌，在心中跟他們說：我接受、我尊重、我也尊敬在你們身上所發生的一切事，我給你們深深的一鞠躬，並且我給你們最深的祝福。

四、然後把這一個畫面慢慢的移開，讓他們逐漸逐漸地遠去。你在心中給他們最大的祝福。到你看不見他們的時候，你慢慢地張開眼睛，回到你所在的環境。

故事（10）弟弟，向前跑，不要回頭……

這些話一語道盡家族的集體創傷，這個家，在戰爭中死了太多人，活著的，只能逃，連難過的時間都沒有。

克紹是某機構的助人工作者，他參加系統排列心靈成長工作坊已經一期了，今天第一次舉手要求排列。

「我一直希望自己走在助人的道途，可是好像事與願違，每當我想做些什麼事，總會碰到阻撓，讓我無法朝目標前進。」

「當然我也留意，這會不會是我的惰性在為自己找藉口？然而事情的發展總是那麼湊巧，讓我不禁納悶……」

「譬如上星期我找人來裝潢工作室，材料都準備好了，可是包商卻不見了，怎麼找都找不到人。還有，當我拿出紙筆要寫作時，我太太突然有狀況要送醫，讓我不得不去處理。我想瞭解其中是不是有什麼動力，阻礙了我推展助人事業？」克紹明確的說出自己的議題及希望。

「好的，我們來進行排列。」

【排列過程】

說明：在排列過程中有加引號的指的是代表，沒有加引號

的指的是本人，所以「克紹」是代表，克紹是本人。

一、排列師請克紹從學員中選出三位代表「克紹」、「心」、和「事業」，並且排出他們的位置。

　　克紹把「心」的代表排在「克紹」的左邊，「事業」代表排在「克紹」的後面。沒多久，「事業」代表退到場域盡頭；「心」的代表開始前後、左右移動，顯現出躊躇不前、三心二意的樣子；「克紹」則站在原地閉目不動。

二、排列師問當事人代表：**「你為何閉目？」**
「我好累哦！」當事人代表說完話，直接躺在地上。
（解析一）

　　排列師問克紹：「你的家人有誰死了？或被忽略了？」

　　「我父親在台灣某大意外事件死亡，那個大事件好多人喪生，我大伯父、二伯父和小姑姑在更早之前死於大陸……」
「小時候常聽父親說他逃亡來台的故事。那天，爸爸跑在前面，二伯父扶着姑姑跑在中間，大伯父墊底保護弟妹。眼看就要衝破危險地帶，抵達國軍駐守的地方，突然，一陣亂槍掃射，大伯父中槍了。在他倒下之前，他轉身挺直胸膛，用他的身體為前面的弟妹擋下幾發子彈。」（解析二）

接著，二伯父和姑姑也中槍了。爸爸一邊跑，一邊回頭哭着呼喚二伯父和小姑姑的名字。二伯父在斷氣前仍大喊：『弟，向前跑，不要回頭……不要回頭啊……』。從此，父親和他的手

足天人永隔。」（解析二）

　　克紹話才說完，「**心**」前後移動得更厲害；「**事業**」雙手環抱手臂，蜷縮在地上打哆嗦。（解析三）

三、排列師看見此動力，馬上找一位學員代表「伯父姑姑們」。「事業」看見「伯父姑姑們」後停止了顫抖，「心」也安定下來。（解析三）

　　可是「克紹」代表仍然躺在地上不動，如何讓他起來呢？

四、排列師找一位學員代表克紹的「父親」。

　　讓「父親」和「伯父姑姑們」面對面站著，「父親」看見他的手足，激動得哭出聲來。「伯父姑姑們」用力擁抱「父親」，雙方道盡了多少歲月，兩岸的相思之苦。

　　排列師在此停留了一會兒，讓兩岸的手足之情盡情的流動。許久，才請「父親」對「伯父姑姑們」說話。

　　「親愛的家人，我們終於在一起了！」

　　「我們終於在一起了！我很滿足。」「父親」很有感覺的說。

　　此時，「事業」和「心」的代表轉向「克紹」，用有力的眼神期待他站起來。然而，「克紹」並沒有站起來。

五、「我親愛的孩子，我已經見到你大伯父、二伯父和姑姑

了，我邀請你起來看看他們，我很愛他們。」父親代表走進近兒子，鼓勵他。

「克紹」仍然躺着不動。

排列師問「克紹」：「你現在感覺如何？」

「我的心踏實多了，但仍然沒有力氣站起來。」

（解析四）

六、排列師問克紹：「你家還有誰沒被看見嗎？」

「我聽母親曾經說過，在我之前，她拿掉過一個孩子。」

排列師加入一個克紹「兄姊」代表，讓他躺在「克紹」旁邊。

此時，「心」和「事業」代表同時把目光轉向地上的「兄姊」。「克紹」臉上則呈現悲傷的表情。

排列師告訴「克紹」：「你的手足就在你的身邊，你可以對他說話。」

「親愛的兄姊，你是我的家人……」「克紹」哭了。

「我活下來，你卻沒活下來，我很難過；我甚至沒有心去完成我的事業。」（解析五）

「克紹」躺在地上，對著手足代表邊說邊流淚。

「親愛的弟弟，我很高興我們在一起了，你的時候還沒到，如果你去完成你的事業，我會更高興。」「兄姊」語重心長的說。

七、「我親愛的兒子，爸爸也找到我的手足了，你可以安心去完成你的事業。」

排列師加入了克紹母親的代表，

「兒子啊！去完成你的事業吧！」「母親」輕輕撫摸兒子的手，眼神流露母愛。

八、「大伯父、二伯父和姑姑，我尊敬你們，你們因苦難而偉大。我親愛的兄姊，我活下來，你卻沒有活下來，我尊重你的命運。我們都是一家人，請你們祝福我。」

「心」跪下來哭泣的說。

排列師過去邀請「克紹」站起來，他終於站起來了。

九、「我等你很久了。」「事業」靠近「克紹」，握著他的手高興的說。

「心」的代表也站起來了。

「親愛的家人，讓我用事業成功來紀念你們，也慶祝自己的生命。」克紹向所有的家人深深鞠躬。

此時，「克紹」、「心」、「事業」三位代表站成一線，臉上充滿對未來的憧憬。

動力家系圖

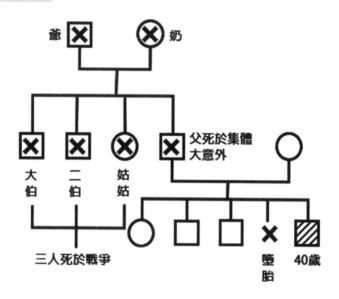

爺 ✖   ✖ 奶

大伯 ✖   二伯 ✖   姑姑 ✖   ✖ 父死於集體大意外   ○

三人死於戰爭

墮胎 ✖   40歲

【案例系統脈絡解析】

◎ 解析一

　　排列師問當事人代表：「**你為何閉目？**」
「**我好累哦！**」當事人代表說完話直接躺在地上。

　　由當事人代表閉目，直接躺在地上的疲憊樣，我們可以判定這兒有「動力」。是怎樣的動力呢？通常在排列中，如果代表「眼睛看地上」或「躺在地上」，多半都跟死亡動力有關。

因此，排列師才會問克紹：「你的家人有誰死了？或被忽略了？」

當克紹回答他的家族共死了父親、大伯父、二伯父、小姑姑四個人時，我們可以大膽的推論：當事人累倒在地上，想必是序位不對，認同、承接了死者的感受及狀態。接下來的工作就是為克紹揭開動力的帷幕了。

認同、承接、序位原則

有認同就會承接，
一旦承接，序位就不對了。

人的內在，會對家人懷有孩童式的愛，這份愛不成熟，也不理性，單純得像孩童深愛父母一般。因此，這個心中有愛的人，會不知不覺「認同」某個家人，無意識中，選擇了跟那位家人相同的情緒、信念、行為模式和命運。所以「認同」，就會「承接」，這兩個法則是綁在一起的。

而當一個人，一旦「承接」了某個家人的情緒、行為模式和命運，他的角色定位就會混淆不清，因而造成「序位」不對，活得很沉重、很辛苦。

因此：排列師問當事人代表：「你為何閉目？」

「我好累哦！」當事人代表說完話，直接躺在地上。

◎ 解析二

「小時候常聽父親說他逃亡來台的故事。那天，爸爸跑在前面，二伯父扶著姑姑跑在中間，大伯父墊底保護弟妹。突然，一陣亂槍掃射，大伯父中槍了。二伯父在斷氣前仍大喊：『弟，向前跑，不要回頭……不要回頭啊……』從此，父親和他的手足天人永隔了。」

　　這個故事血淋淋的道盡時代的悲劇，多少人在烽火中妻離子散，手足失聯……這種巨大衝擊、不安的情緒瀰漫在整個家族系統裡，這是一種家族系統的創傷，家人當中自然會有人承接這個系統裡未竟的情緒感受，而走上相同的命運。

　　克紹的父親就是一個例子，他逃亡來台，在台灣生活了數十年，仍然忘不了二哥臨死前的叮嚀呼喊，忘不了兄妹相繼倒在血泊中的這一幕……這一切是多麼刻骨銘心，情何以堪？數十年，他帶著愧疚、痛苦、不安的活著，他的日子並不好過，以至於後來發生意外死亡，追隨他的手足去了。

　　為了避免家族系統繼續創傷下去，我們該運用流動原則。

流動原則

讓過去凍結的能量開始流動，
生命力才能全然投注當下，向前流動。

生命是一種流動，它透過每個生命個體和群體的相互交流，將信息一代一代傳遞，並繼續向前流動。

如果生命力因突發的意外，造成創傷後遺症；或因懷念緊抓過去不放，無法看見眼前的關係……都會讓某部份生命力凍結在當時的時空，以致於當事人生活感到受侷限，生命力無法全然發揮。

這時最好的解凍方法是：讓情感流動、感官覺受流動，過去凍結的能量自然也會跟著流動。

例：父親代表看見他的手足，激動得哭出聲來。「伯伯姑姑們」代表用力擁抱「父親」代表，雙方道盡了多少歲月，兩岸的相思之苦。

◎ 解析三

克紹說完父親逃亡的故事，「心」的代表前後移動很厲害，「事業」代表雙手環抱手臂，綣縮在地上打哆嗦。排列師加上「伯伯姑姑們」代表後，「事業」代表停止了顫抖，「心」的代表也安定下來。

這是看見「動力」的徵相。在排列中，如果問題確實受到此動力的影響，通常在看見動力後，相關的代表會安定下來，等待進一步的發展。

由此動力發現，克紹推展助人事業的阻礙之一，是受到父

系手足的影響。也就是說他潛意識認同了父親，承接了系統裡未竟的情緒感受，而無心發展自己的事業。

◎ 解析四

克紹的父親和他的哥哥妹妹們相認了。**「克紹」仍然躺在地上，他表示心雖然踏實多了，但仍然沒有力氣站起來。**

這表示克紹的問題不單受到一個動力所影響，可能還有其他的動力，所以排列師才會又問：「你家還有誰沒被看見？」。

當排列師聽聞在克紹之前，他的母親曾經拿掉一個孩子，馬上加入「手足」代表。果真不出所料，「心」和「事業」代表同時把目光轉向「手足」代表，「克紹」臉上也呈現悲傷的表情，這表示另一個動力被發現了。

◎ 解析五

「我活下來，你卻沒活下來，我很難過，我甚至沒有心去完成我的事業。」當事人代表躺在地上，對著手足代表邊說邊流淚。

答案揭曉了！阻礙克紹發展助人事業的另一個動力是：愧疚感。善良的克紹，除了承接父親對手足的未竟情緒感受，還有自己對手足的愧疚感，他怎能安心去完成他的事業？

所以，排列師分別請家人鼓勵克紹去完成他的事業，並且也邀請克紹向死去的家人鞠躬說：「親愛的家人，讓我用事業成功來紀念你們，也慶祝自己的生命。」。

這是讓克紹安心的鎮定劑，也是所有的人對克紹的期待與祝福。

「愧疚感」與「清白感」平衡原則

對於自己的幸運深感愧疚，
自願犧牲自己某部份來做補償，
藉此達到平衡，並讓自己有「清白感」。

所有家庭的成員都屬於同一命運共同體。在系統中，有些較他人幸運的成員，對於自己的幸運深感愧疚，為了表示他對其他成員的忠誠，他自願犧牲自己的健康、財富、事業、幸福、好運等來做補償，藉此達到平衡的需求，好讓自己有「清白感」。

例：「我活下來，你卻沒活下來，我很難過；我甚至沒有心去完成我的事業。」「克紹」躺在地上，對著手足代表邊說邊流淚。

【採取行動，讓愛流動】

一、每當克紹要去發展助人工作時，可以在心裡想起他的父親、大伯父、二伯父、小姑姑，和他的手足，邀請這些家人祝福他，讓他用事業成功來紀念他們。

二、請母親為未曾謀面的手足取個名字，尊重他在家族的位置。

三、克紹可以常常勉勵自己：我用完成自我價值來慶祝生命。我的時間未到，不能隨死去的人而去。我要活出生命的光采。

【進入內在，讓愛流動】

如果你也有類似的情況，也可以用以下方式，進行一個自我內在心靈療癒。

請你找到一個稍大的空間坐下，閉上眼睛，給自己三個深呼吸，每次的呼吸都幫助你更加放鬆，也更加深沉，如果你已經比較放鬆專注了，請慢慢把眼睛張開，這個練習請全程保持眼睛張開，這樣可以和當下多一點連結。

想像在你面前有一個大螢幕電視，正在播映大時代歷史故事，從滿清末年八國聯軍開始，接下來有抗日戰爭、有國共戰爭、有甲午戰爭、有文化大革命、這部歷史劇正慢動作播演中，你坐在那裡有什麼感覺？如果感覺實在太壓迫，你可以後退拉開距離，也可以用想像力把電視機調遠，慢慢的想像這

一些事情都過去了，歷史就是這樣：有太平盛世，也有戰亂，這是一個常態，這是一個宇宙運作的事實，有高就有低；有遠就有近，有難過就有快樂，請你告訴自己：我接受這個常態，我接受已經發生過的事情，我尊重這一切的發生，接下來，你可以站起來，給他們一個深深的鞠躬，或者也可以跪下，給他們一個叩首，尊敬他們忍受的痛苦；尊敬他們的犧牲；尊敬他們的偉大。他們已經完成了他們的人生，他們去到了另外一個地方，在那裡再也沒有敵對衝突；在那裡再也沒有悲傷、再也沒有痛苦、再也沒有恐懼；在那裡充滿了愛、在那裡充滿了平安。請你給他們祝福，也邀請他們給你祝福， 如果你感覺到平安，就可以帶著偏安喜悅回到日常的生活環境裡。

【排列手法解析】

本案例屬於國家大事件——戰爭，全國動盪，造成歷史的大悲劇，家庭大創傷，這樣的事件影響力能擴及四、五代，而且影響至深且遠，這是同一個人組合出來的故事，這樣的人需要的排列量會多一些。

故事（11）因為分手，所以不想活？

人的痛苦往往不是來自事件本身，大多數是來自我們沒有想到的更痛苦的事。

　　緯呈由友人陪同，第一次參加排列工作坊。他面帶憂鬱，看起來失魂落魄似的。

　　「說說你的心願是什麼？」排列師問緯呈。

　　「我剛跟女友分開，很傷心，希望能快點走出傷痛。」

　　「我知道年輕人談感情分分合合本是家常，可是我就是無法停止悲傷，我好像被悲傷淹沒了，再也吸不到快樂的空氣。」緯呈說著，兩行眼淚忍不住滑落胸襟。

　　「跟前女友在一起，給你什麼樣的感覺？」

　　「我覺得跟她在一起有安定感，雖然她長得並不是很漂亮，但她有一種像母親般溫柔的特質，我很喜歡。」

　　「好的，我們做個排列，希望能快點走出傷痛。」

【排列過程】

　　說明：在排列過程中有加引號的指的是代表，沒有加引號的指的是本人，所以「緯呈」是代表，緯呈是本人。

一、排列師找了兩位學員代表「緯呈」和「前女友」。

　　「緯呈」進入感知狀態後，眼睛一直注視地上，胸口起伏很大，後來跪倒在地上。「前女友」雙手抱著胸膛，呼吸沉重，她的眼睛也是看地上，目光無神，一直在原地打轉。

二、「你和前女友的家庭有誰沒活下來？」排列師問。

　　緯呈搖搖頭表示不知情。

　　排列師做一個測試，他安排兩位「死者」躺在地上，分別代表緯呈和前女友死去的家人。

　　「緯呈」看見他家的「死者」，**傷心的撲倒在死者身旁，他的頭和死者的頭緊緊靠在一起。**（ **解析一** ）「前女友」看見她家的「死者」，悲傷的落淚，感覺像在哀悼一位長輩。

三、「我想起來了！我曾經聽前女友說過她失去爺爺很悲傷，爺爺很疼她，對她很重要。」緯呈說。

　　排列師請「前女友」向「死者」鞠躬說：

　　「親愛的長輩，我心中惦記著你，我尊敬你。」

　　說完，排列師告訴大家這個排列的案主是緯呈，我們不會在他前女友的議題上工作。排列師請「前女友」和她家的「死者」後退一步，離開角色回到座位。

四、「你現在有什麼感覺？」排列師問當事人代表。

　　「我感覺與『死者』的頭相連在一起。」當事人代表回

答。

　　「對了！我母親曾經說我有一個雙胞胎妹妹，我們倆是龍鳳胎，不過她出生兩個月就死了。」緯呈很激動。

五、排列師加入緯呈的「父親」、「母親」兩位代表。並且請「緯呈」向「死者」說：

　　「親愛的妹妹，我們倆幾乎是同體，妳死了我卻活下來，我是多麼的難過。我一輩子都帶著妳不能與妳分開。」（解析二）「緯呈」一邊說一邊哭。

六、「父親」蹲下來撫摸兒子的背，無限愛憐的說：

　　「兒子，你要好好活著，我會保護你。」

　　「母親」也蹲下來對兒子說：

　　「兒子，你一定要好好活著，我和你父親都會盡力幫助你。起來，你快站起來。」

　　「兒子，你快起來呀……」無論父母親如何呼喚，「緯呈」仍然一動也不動的躺著。

七、「父親」停止呼喚兒子，他手握拳頭，用懊惱、氣憤的眼神瞪著「母親」。「母親」自責的哭出聲。

　　「我們失去一個孩子，我跟你一樣難過，不能再失去另一個啊！。」

八、「父親」看著地上的「死者」，漸漸鬆開拳頭。

「兒子，我已經失去你妹妹，我不想再失去你。你快起來……」父親代表一聲聲喚著兒子。

「兒子，我不是故意的，看你這個樣子我好難過。嗚……」（解析三）母親代表的哭聲令人心碎。

「太太，對不起！我錯怪你了，其實我們都不願意失去女兒。」父親代表心軟了。

「兒子，我知道你的心和妹妹很靠近，爸爸的心跟她也很靠近。我看見你妹妹了，你放心，爸爸愛她。」

「兒子，媽媽也愛她。你快起來，我和爸爸都會保護你。」

九、「緯呈」仍然倒在地上。排列師走向「緯呈」請他對「死者」再一次說話。

「親愛的妹妹，妳死了我卻活下來，我會把妳放在心中。我的時候還沒到，有一天我們會再相見，請妳祝福我用好好活著來紀念妳。」

「緯呈」逐字逐句跟著排列師說，可是仍然沒有站起來。

十、「緯呈，謝謝你讓我們看見你妹妹。你起來，快起來呀……」雙親各攙扶兒子一隻手臂，仍然扶不起他。

「兒子……」父母親無奈的相擁而泣。

令人心酸的場面持續很久仍沒結果，排列師最後說：

「這個排列到此為止，請代表們離開角色，回到自己的座位。」（解析四）

十一、「緯呈，排列到此你有什麼發現？」排列師問。

　　「我覺得這個排列滿反映我的內在，平常我就是這麼拗，父母親拿我沒輒。」（解析五）緯呈回答。

　　「你的問題表面上看起來是情傷，實際上卻是失去手足的悲傷，只是你一直不願意去面對。」排列師一語道破。

　　「嗯！」緯呈點頭默認。

十二、「你要釐清你對前女友的感受，事實上它是一個孩子對母親的感受，並不是對女朋友的感覺。」（解析六）

　　「你和前女友各自帶著悲傷，是無法真正看見對方，而好好談戀愛的。並不是因為你不好，她才離開你，而是你們的關係建立在『夢幻』，它不是男女真正的感情。」

　　排列師的話如一陣春風，吹散緯呈心中的迷霧，也撫走他臉上的愁容。當緯呈離開排列工作坊時，他的心情已經好多了。

動力家系圖

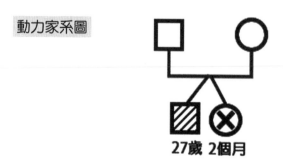

27歲　2個月

【案例系統脈絡解析】

◎ 解析一

「緯呈」看見他家的「死者」，**傷心的撲倒在死者身旁，他的頭和死者的頭緊緊靠在一起。**

我們從「緯呈」看見「死者」的反應，判斷當事人與死者的關係一定很親。後來從緯呈的陳述得知他有一個雙胞胎妹妹在兩個月大時死了，因而證實死者是緯呈的雙胞胎妹妹。

雙胞胎的關係比一般手足更親，他們在母親的子宮裡緊緊靠在一起，吸吮同樣的養分，感受同樣的體溫，經歷同樣的成長變化，彼此有心電感應……如此深刻的連結關係，如果有一方沒有存活下來或被送走，另一方會經歷深沉的痛苦，彷彿他的身心被撕成兩半再也無法完整似的。

這是家族系統中集體潛意識運作的整體原則。

整體原則

我們都是屬於同一個整體。

家族系統整體觀可以從身體的比喻來理解。如果把家庭比喻成身體，那麼家庭裡的每個成員就分別是身體的不同的部

位。父親是頭，母親是身體，兄弟姊妹是手足……家人之間關連緊密，共同組成了不可分離的命運共同體。

此篇章我們特別談及有關手足的整體原則。手足的整體原則。手足的整體關係不光指雙胞胎而言，它包含進入系統的所有兄弟姊妹（包括同父異母、同母異父的手足）。

當我們的身體有一手或一腳受傷了，無庸置疑另外一手、一腳將分擔受傷所帶來的不方便。同理，家族系統如果失去了一個孩子，那麼跟他最親密的另一個手足（例雙胞胎）將痛不欲生，其他的手足也會自動來填補他的位置，以致於重複了他的命運。

◎ 解析二

「親愛的妹妹，我們倆幾乎是同體，妳死了我卻活下來，我是多麼的難過。我一輩子都帶著妳不能與妳分開。」「緯呈」一邊說一邊哭。

此番話說出了緯呈痛失雙胞胎妹妹的心情。

緯呈與雙胞胎妹妹關係形同生命共同體，然而妹妹在兩個月大時就死了，留下他一個人獨享父母的愛與資源，因此無意識的覺得對不起妹妹，想要一輩子把她帶在身邊彌補她些什麼。

這種對手足無意識的歉疚感及補償行為，是系統排列的平衡原則。

平衡原則

我得到父母的關照比較多，
過世的手足得到比較少，
因此我要去平衡彌補些什麼。

家庭中如果有一個小孩過世，其他活著的兄弟姊妹當中，有人會認為自己得到父母的關照比較多，過世的手足得到比較少，因而產生歉疚感，想要去平衡彌補些什麼。這種補償行為是無意識的，當事人很難覺知。

常見的無意識補償行為呈現兩種樣貌：一種是讓自己生活失敗或活得不快樂，彷彿藉此告訴死去的手足：「我也過得不好，我們扯平了，我不必再有歉疚感了。」。另一種是在工作上做得過多，無意識想替過世的手足多做一份工作，因此成了拼命三郎卻不知所以然，把自己壓得喘不過氣來。其實補償死去手足最好的方式是：好好活下來，為他們做些好事來紀念他們。

◎ 解析三

「兒子，我不是故意的，看你這個樣子我好難過。嗚……」母親的哭聲令人心碎。

由這句話聽出：緯呈的母親對於女兒沒活下來深深感到自責。就連她的丈夫也怪她沒把女兒照顧好呢！

「責任感」會讓一個人困在過去的事件中而扭曲了事實。當一個孩子死了，母親的「責任感」會讓她覺得自己做得不夠，沒有保護好小孩，因此感到內疚，自責如果當初自己做了什麼改變的話或許悲劇就不會發生了。

責任感和內疚讓一個母親活在自以為重要的幻象中，以為自己可以「掌握」一切，不接受已經發生的事實，反而自我指控，折磨著自己。這樣一直執著下去，她不僅無法全然做其他孩子的母親，也干預了死去孩子的命運。

◎ 解析四

令人心酸的場面持續很久仍沒結果，排列師最後說：
「這個排列到此為止，請代表們離開角色，回到自己的座位。」

◎ 解析五

緯呈回答：「**我覺得這個排列滿反映我的內在，平常我就是這麼拗，父母親拿我沒轍。**」

這個回答是排列師「中斷排列」後，問緯呈：「你有什麼發現？」所獲得的覺察。

排列中當事人代表任憑雙親如何呼喚都不肯站起來的情形，如實反映了緯呈對待父母親的方式。平常他就是用這種耍賴、拗脾氣的手段操控父母的情感，可是自己並沒發現，直到中斷排列後他才看見這個「心理遊戲」（這會是另一個議題）。這個發現毫無疑問對他的內心產生很大的撞擊。

◎ 解析六

「你要釐清你對前女友的感受，事實上它是一個孩子對母親的感受，並不是對女朋友的感覺。」

為什麼緯呈無法釐清自己的感情，把對親情的渴望當成愛情呢？原因是：他承接了妹妹的感覺。

緯呈的妹妹在兩個月大的時候就死了，她很渴望像一般孩子一樣有母親的照顧，這個未竟的情緒留在家族的信息場，被哥哥緯呈接收到了。於是緯呈承接了妹妹的感覺，與父母的互動就像個永遠長不大的孩子，甚至連交女朋友都要找一個「有

「媽媽味道」的女人。

若不是透過這次排列，緯呈不知道還要陷於失魂落魄的情傷多久？或者說他在情感的道路上，因為無法釐清自己的感情，不知道還要受多少傷了呢！

【採取行動，讓愛流動】

緯呈為何受情傷所苦，問題出在他的「情感界線」不清楚。建議他一定要釐清：

一、「對女朋友的愛」和「對母親的愛」是不同的。一個是「愛情」，另一個是「親情」，兩者所產生的感覺、感受截然不同。

二、覺察自己與父母親的關係如何？是否無意識中在生父母的氣？在怪父母沒把妹妹照顧好才讓她死掉？

三、既然他與妹妹的連結那麼深，要常把妹妹放在心上，為她做些好事來紀念她。

【進入內在，讓愛流動】

如果你也有雙胞胎手足早夭；或是失散；或是過世；或是被送養，這些經歷也許使你悲傷，或者感覺自己不完整，那麼

你可以進入內心，跟你的手足作個連結，這會使你活得踏實。

一、請你找一個安靜的地方，找一個抱枕，坐下來。讓你的雙腳與大地連結，把你的背靠在椅背上。感覺一下踏實的感受！

二、想像手中的抱枕就是你的雙胞胎手足，打從在娘胎你們就在一起了，但是他不見了。你感受到硬生生的被撕裂，現在他重新跟你連結在一起。想像你的心跳跟他的心跳一致，你跟他一起在娘胎住了九個月，他跟你這樣的靠近一如以往，感受一下你的心情，同時感受你的踏實，讓你的踏實感在全身流動，你是完整的。

　　就這樣坐著直到你滿意為止。

　　你可以帶著這一個踏實的感覺活在每一件生活的細節中。

【排列手法解析】

　　這場排列結束在「中斷排列」的情況。

　　在排列場上，當碰到以下三種情況，排列師會考慮「中斷排列」：

一、當事人的心不敞開，排列場的能量卡住無法繼續。

二、缺少重要的事實無法進展。

三、案主強烈抗拒時。

中斷排列並不是一種處罰，而是一種重要的介入手法，可能會讓案主的態度有所轉折，或許有機會稍後讓排列再繼續。何時判定中止排列，需要排列師專業的判斷。

故事（12）戀物癖者更有愛

道德是人人都需要的品質，但一不小心，有時候也會成為加害者。

　　建銘十年前帶著父母移民加拿大，是一位有經驗的排列學員，**他的個頭高大，肩膀寬厚卻不挺，身體有些浮腫，給人虛胖的感覺。他的肌肉看似鬆鬆軟軟的，其實卻是硬梆梆的，手指頭壓都壓不下去呢！（解析一）**

　　他今天到排列工作坊主要想療癒跟父親的關係。

　　「我知道與父親連結，從他那兒獲得男性力量的支持非常重要，但是，無論如何，我就是無法靠近父親。以前我也為此做過排列，在排列中就是哭不停，至今仍然無法靠近他。」

　　「既然你的心願很清楚，而且也很有排列的經驗，我們就直接進行排列，過程需要知道什麼，我會問你，這樣好嗎?」

　　「好的。」

【排列過程】

　　說明：在排列過程中有加引號的指的是代表，沒有加引號的指的是本人，所以「建銘」是代表，建銘是本人。

一、排列師請他選兩位學員代表「建銘」和「不能靠近」。

　　「建銘」進入感知狀態，他面向「不能靠近」，想要往前移動，可是卻無法前進，腳好像被黏住似的，拔不起來。**「不能靠近」臉上呈現憤怒的表情，他握緊拳頭，目光凶狠，好像快要殺人的樣子。**（解析二）

　　排列師問建銘：「你家發生過意外或打打殺殺不公平的事嗎？」。

二、建銘一邊思考一邊回答：「在我父親這一代好像沒有發生過這種事，但聽說我祖父在日據時代跟日本人走得很近，被鄉親認為是『日本走狗』，他走到哪裏都被唾棄。」

三、排列師安排了「祖父」和「受害者」兩位代表進場域。**「受害者」一出現就在哭泣，看起來楚楚可憐的樣子，讓人直覺他是個女人。**（解析三）

　　「祖父」面無表情地站在場中央，一點都不受哭泣聲所影響。

四、排列師加入「受害者的父親」。

「受害者的父親」一出現，就憤怒的衝向「祖父」，手握空刀，猛往祖父身上刺，彷彿要報血海深仇似的。（解析四）

五、「不知道你的祖父對受害者做了什麼事？我們加入『受害者母親』，看看能不能找出端倪。」排列師對建銘説。

「受害者的母親」心疼的望著「受害者」，用手輕撫她的頭髮和臉頰，忍不住哭了。母女兩人的哭聲，流露一種女人深沉的悲傷，讓人聽了感覺陣陣酸楚，心都快碎了。（解析五）

六、**排列師直覺建銘的祖父是為日本人做性交易的，**（解析六）他加入了「台灣」和「日本」兩位代表。

　　「日本」頭抬得高高的，一副趾高氣揚的樣子，他以不屑的眼神看著「台灣」。「台灣」頭低低的，顯出弱勢的樣子。

七、事情原委明朗化了。排列師請**「祖父」**和**「日本」**兩位代表，向**「受害者」**、**「受害的者母親」深深鞠躬致歉。**

　　（解析七）

　　兩位受害女性這才漸漸停止哭泣，而「受害者的父親」的情緒也慢慢緩和下來。

八、「好啦！看見你祖父那代的動力後，我們再來看看你父母親這一代。請説説你的父母親吧！」排列師鼓勵建銘。

　　「我的母親過世兩年，在他生病這段時間，我親自照顧她，**每天按時餵藥、復健、換尿褲、擦澡，每件瑣碎事情都自己來；只要打聽到哪家醫院的醫生醫術高明，我就帶母親去看病，可是仍然無法延長母親的壽命。母親的後事是我決定如何**

辦理的，（解析八）辦完告別式後我非常悲傷，至今仍然走不出傷痛。」

九、「我母親走了以後，家裡就剩父親和我兩個人。我每天上班前先把午餐準備好，讓父親自己熱來吃，下班後趕緊回家做晚餐，買菜、煮飯、洗碗、洗衣服、打掃家裡，樣樣自己來，可是心理上就是無法靠近父親。」

十、排列師聽完建銘的敘述，他加入關鍵人物──「父親」的代表。

「父親」慢慢走向「受害者」和「受害者母親」，**他的眼神充滿愛，跪下來向兩位女人磕頭。（解析九）**

「你父親在平衡他老爸所犯下的錯誤。」排列師對建銘說。

十一、「啊！難道……我老爸穿女人內褲的癖好，跟這件事有關？」

建銘突然有所聯想。

「是的！戀物癖也是一種愛。你父親藉這個癖好親近受害者，對她們釋出同情與善意。」

十二、排列師一語驚醒建銘，也融化了昔日他對父親的厭惡和

羞恥感。排列師請建銘進入排列場，和「父親」說：「爸，我看見你心中的愛，我接受你，我尊重你……」說完之後，整個人都鬆了下來。（解析十）

動力家系圖

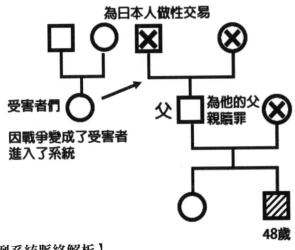

【案例系統脈絡解析】

◎ 解析一

建銘的個頭高大，肩膀寬厚卻不挺，身體有些浮腫，給人虛胖的感覺。他的肌肉看似鬆鬆軟軟的，其實卻是硬梆梆的，手指頭壓都壓不下去呢！

排列師在為個案工作時，第一印象會先觀察他的外貌和體

型。通常我們可以從一個人外在的顯現，約略讀到「他」這個人。以形體學來看，建銘的肩膀寬厚卻不挺，外表明顯給人浮腫、虛胖的感覺，肌肉卻硬梆梆的，身體的信息正透露此人有創傷，而且極有可能「扛」了很多重擔。

◎ 解析二

「不能靠近」臉上呈現憤怒的表情，他握緊拳頭，目光凶狠，好像快要殺人的樣子。

　　看懂排列的人，看到代表如此激烈反應，不難理解這裡有「動力」，而且是強烈的動力。

　　這個動力將帶領我們去看見建銘不能靠近父親的原因。通常代表呈現如此強烈的肢體暴力，可能跟打打殺殺、搶奪、欺壓等不公平的事情有關，所以排列師才會問建銘：「你家發生過意外或打打殺殺不公平的事嗎？」

◎ 解析三

「受害者」代表一出現就在哭泣，看起來楚楚可憐的樣子，讓人直覺他是個女人。

　　初次接觸排列的人，對於排列莫不感到驚奇又讚嘆。「代

表」既不認識個案家人，也不知道個案家發生過什麼事，為何他可以如此傳神的演譯一個人的表情、動作神韻、聲音和故事？

是的！排列就是這樣「如實呈現」。排列師可以依據代表的表情、動作、聲音、態度、神韻來辨識代表的性別、性格等特質。在這裡，排列師根據代表哭泣時「楚楚可憐」的樣子，直覺他是個女人，然後再觀看動力的後續發展。

◎ 解析四

「受害者父親」代表一出現，就憤怒的衝向「祖父」，手握空刀，猛往祖父身上刺，彷彿要報血海深仇似的。

雖然在排列中我們並沒有看見祖父對受害者做了什麼事？但從代表手握空刀，猛往祖父身上刺，彷彿要報血海深仇的動作，排列師判斷這個動力性質，並非單純的個人事件，而是「集體事件」。只有「集體」的意識才會醞釀出這麼強大的能量。到底這是什麼集體能量呢？排列師以敏銳的直覺，加上大膽的假設，那是一股讓男人「集體戴綠帽」的憤怒能量。

◎ 解析五

「受害者母親」代表心疼的望著「受害者」兩人的哭聲，

流露一種女人深沉的悲傷，讓人聽了感覺陣陣酸楚，心都快碎了。

　　什麼事會讓受害者母女哭得如此心碎？排列師感受到這種哭聲，是一種「女人深沉的悲傷」，因此他判斷這個動力性質，不是單純的個人事件，而是「集體事件」。女人集體的悲傷、無奈才會哭的這麼「深沉」，這麼令人柔腸寸斷。

◎ 解析六

排列師直覺建銘的祖父是為日本人做性交易的。

排列師認為建銘的祖父為日本人做性交易的原因如下：

一、祖父在日據時代跟日本人走得很近，被鄉親認為是「日本走狗」，他走到哪裏都被唾棄。
二、依據「受害者的父親」憤怒要刺殺祖父，彷彿要報血海仇。（解析四已說明）
三、依據「受害者」和「受害者的母親」哭聲中流露出女人深沉的悲傷。（解析五已說明）
　　後來我們從「日本」代表高傲、不屑「台灣」代表的眼神，以及「台灣」代表弱勢無奈的樣子，應證了排列師的直覺八九不離十。在日據時代，台灣婦女被迫從事性工作，確實是時有所聞。

◎ 解析七

排列師請「**祖父**」和「**日本**」兩位代表，向「**受害者**」、「**受害者母親**」深深鞠躬致歉。

建銘的祖父，在日據時代，靠著日本人的撐腰，不知道做了多少戕害同胞的事情，才會被鄉親唾棄。他替日本人牽線，蹂躪受害母女的身心，理當向她們致歉賠罪。

排列師請「日本」代表向受害母女鞠躬致歉，撫慰了受害者的心靈，也平衡了過失者的過錯。

◎ 解析八

母親生病這段時間，建銘親自照顧她，**每天按時餵藥、復健、換尿褲、擦澡，每件瑣碎事情都自己來。只要打聽到哪家醫院的醫生醫術高明，就帶母親去看病，連母親的後事也是他定如何辦理的。**

看建銘親自照顧母親的日常瑣碎，大部份的人都會豎起大姆指讚嘆：「啾感心耶，好一個孝子！」可是懂排列法則的人，都明白建銘的「序位」不對，無形中為自己「扛」了許多重責重任。

並不是排列不主張照顧父母，而是以兒子的立場，親自為母親換尿褲、擦澡的事情會讓母親尷尬，如果家中沒有姊妹可以代勞，至少還有父親在，由配偶做這些事母親會比較自在。

而且，建銘自行決定母親要看哪個醫生，連母親的後事如何辦理，都是他一個人做決定的，這種獨攬決策，儼然「大家長」的作風，是不尊重父親，不把父親放在眼裡的做法。

在台灣社會，常見一個特別「負責」的兒女，自行帶生病的父母就醫，自行決定看哪個科別，哪個醫生……，其實，這樣做很冒險，無形中要為父母的病情負起「責任」，壓力很大，如果病情沒好轉，可能還會遭到其他家人的責難。符合「序位」法則的方式是：子女提供醫療資訊，家人參考討論後，把決定權交給父母，讓父母決定自己的醫療，不要越俎代庖。

序位原則

以「尊重」的態度
站在孩子的位置來愛父母，
而不是站在比父母更大的位置，
想拯救他們。

在無意識裡違背序位原則是難以覺察的，通常違背的人都

理直氣壯，認為自己有愛。殊不知，沒有以「尊重」的態度，回到孩子的序位來愛父母，會讓一個人，不知不覺站在比父母更高的位置來對待父母，認為自己的愛才是對的，這種傲慢與僭越，將導致他生活失敗、不快樂，嚴重時更會導致重病。建銘雖然愛母親，但他愛母親的方式卻讓母親感到不自在及不被尊重。而他沒有覺察，反而認為父母理所當然要按照他的決定去做，這種是失序的愛，讓建銘變「大」，父母變「小」。這種「心理」尺寸上的「大」，同時也會帶來「生理」尺寸的「大」，這就是建銘身體臃腫、虛胖，怎麼減肥都無效的主要原因。

例：

1、建銘每天幫母親換尿褲、擦澡。

2、只要打聽到哪家醫院的醫生醫術高明，就帶母親去看病。

3、母親的後事是建銘決定如何辦理的。

　　尊重父母的命運，並不表示我們不可以幫助父母，而是因為我們愛他們，更要學會以成熟的方式來愛。當我們想幫父母做一些事時，心中要抱持「尊重」的態度，問問他們的意願與感受，而不是一廂情願以自己的方式對待，或站在比父母更大的位置想拯救他們。

◎ 解析九

「父親」代表慢慢走向「受害者」和「受害者母親」，**他的眼神充滿愛，跪下來向兩位女人磕頭。**

建銘的父親心地善良，他潛意識覺得對不起這對受害母女，因此帶著愛與誠意向她們磕頭賠罪，表達他心中的虧欠。他這麼做，同時也在平衡他老爸所犯的錯誤。

平衡原則

平衡是人類天生的本能。
當失衡現象發生時，
內在的本能會趨使我們，
想去平衡、想彌補些什麼。

平衡是大自然運作的法則，也是人類天生的本能。如果別人對我們好，我們自然會對他好，如果別人對我們不好，我們也不會對他好。

因此，當我們自覺虧欠對方，內在的本能會趨使我們自然想去平衡，想彌補些什麼。

例：建銘的父親眼中充滿愛，跪下來向受害母女磕頭。

通常，這種本能是出於無意識的補償行為，它呈現兩種傾向：

一、讓自己失敗或不快樂。（負向的）

二、讓自己成功幫助更多人。（正向的）

　　不管是正向或負向的補償行為，當事人很難覺知到背後的動力，即使是正向的行為，當事人也有可能在工作上太過用力，讓自己做得過多，而產生過度耗竭的情形。

◎ 解析十

排列師請建銘進入排列場，和「父親」說：**「爸，我看見你心中的愛，我接受你，我尊重你⋯⋯」**說完之後，整個人都鬆了下來。

流動原則

當我們對親人的過去敞開心胸時，
才能真正接受他們，
感知到他們悲劇背後隱藏的愛，
那是來自死者要生者好好活下去的愛。

　　我們能夠成為現在的我們，全都是因為我們有著過去的經歷，有著背後的家族。所以，我們要清楚了解到：學習家族系統排列，並不是要我們在過去的家族裡找尋造成今日困擾的原

因而已，而是帶著尊重，去學習生命帶給我們及家族的課題。

如果有人抱著想與家族的過去切斷，無疑是切斷自己的根，讓過去的經驗、智慧付出的代價白白浪費了。事實上，悲劇的發生不是要告訴我們傷害有多深，而是要喚醒我們愛的智慧將不幸轉為力量，將憤怒轉化成愛，將毀滅轉成創造。為自己和下一代創造更光明的未來。

這是來自家族死者的愛，他們要生者好好活下去，同時這也是生者對死者最大的愛與敬重。正是生命流動原則，一代一代傳承下去，生生不息流動著。

例：建銘由衷的對父親說：「爸，我看見您中的愛，我接受你，我尊重你……」。

【採取行動，讓愛流動】

一、鼓勵建銘回家後主動親近父親，多喊他：「爸爸」，增進親子關係。

二、尊重父親「一家之主」的位置，凡事問問父親的意見，不要擅自做主。

三、洗衣服時再看到父親穿女人的內褲，用愛的眼光看父親，他是多麼善良、多麼慈悲……打從心底接納父親，不以父親的癖好為恥辱。

四、即使父親年紀大，仍然請他參與一兩件簡單的家務事，讓他覺對家庭仍然有貢獻，這會幫助老人家不會那麼快速老化。

問： 老師，今天的排列老師好像猜到了多事情，這些想法是怎麼來的？

答： 排列師除了具備排列的專業知識和技巧之外，還需要具備偵探的邏輯推理能力，和大膽假設、小心求證的精神。但是大多數是來自於能量場的直覺，會有內在視覺或內在聽覺。

第三章・釋疑

依我十多年的排列經驗中，我最常被問的問題，整理、回答如下，也許對你了解排列有些幫助：

1. **問**：看到排列場上代表會移動位置，還能感受到別人的想法、情緒、身體的疼痛、喜歡誰、討厭誰等等，大小事都無所遁形了，有點可怕，我能得到好處嗎？

   答：的確可怕，所以很多人是鼓起勇氣來參加排列的，有的時候，參加工作坊的成員彼此都不熟識，又忍不住自己的情緒，有些人會覺得丟臉，因此而卻步，但只要調整好心態，準備好迎接生命的蛻變，是值得嘗試的，選擇一個可信賴的老師和溫暖接納的場子，這樣感覺會好很多。
   決心參與系統排列課程就已經開始轉變了，參加工作坊得到一些指引，讓我們知道該如何解決問題，是很有幫助的。

2. **問**：我參加過排列工作坊，可是排出來跟事實不符，到底我要不要相信排出來的結果？

答：一件事的發生往往有很多層次，而排列呈現的是最核心或是最強烈的部分，以最濃縮的象徵性肢體語言呈現出來，必須累積一些學習和經驗才能解讀正確。例如：我跟我的男友很要好，他總是幫我忙，我覺得我很愛他，可是排列場上呈現出來的是我在捉弄他，後來才了解原來我是在享受他的給予，所以我很高興，但我並沒珍惜和愛他。因此，碰到跟自己的看法不一樣的時候，可以默存於心，多觀察多了解自己。不急著決定要不要相信，排列是提供一個參考。

3. 問：聽說案主可以不要出席排列場，也可以排列，是真的嗎？

答：是真的，有時案主的健康情況不好，有時案主住得很遠等因素，可以委託一個人把案主的困擾代為提出，仍然可以進行排列，並且可以得到幫助。因為排列是能量的工作，只要設定好案主的能量場，代表們就可以感知到案主的家族系統能量，所以案主不出席也可以進行排列，但可以親臨現場是最好的。

4. 問：一個家只有一個人出席排列場，其他的家人也能跟著受惠，是嗎？

答：是的，因為排列是一種能量的工作，量子物理有個量
　　子糾纏（quantum entanglement）理論：當幾個粒子
　　在彼此交互作用後，這些粒子會失去各自的特性，而
　　綜合成為整體性質，只能描述整體系統的性質，這就
　　叫糾纏。糾纏是一種發生於量子系統的現象；如果糾
　　纏的量子，將它一分為二，不論二者距離多遠，其中
　　的一個被改變，另外一個必定會跟著改變。如果家族
　　能量場是個糾纏的量子團，只要有一個人改變必定會
　　帶動其他家人的改變，一人吃，多人補，牽一髮而動
　　全身的概念，因此家族系統排列是一種團體性的療
　　癒。

5. 問：沒有當案主，只是當代表或旁觀者也能得到療癒嗎？

答：是的，也能得到療癒。排列場是能量場，只要敞開自
　　己，進入代表狀態，心靈被觸碰就能得到療癒；如果
　　整個能量場進入仁愛、慈悲、寬恕、包容、接納等這
　　些高頻能量，參與者都能得到靈性的提升。家族系統
　　排列是一種團體共修，也可以把它當成定期大靜心、
　　大祈禱，對人的成長很有幫助。

6. 問：是否一定要遵從排列的結果來做決定呢？

答：不一定喔！排列的結果是一種參考，幫助我們看見事情的樣貌和細節，只要有接受結果的態度，我們可以依據自己的選擇做自己的決定。

7. **問**：排列特別合適解決哪類的問題？

答：排列最適合解決有理說不清的事件、莫名情緒、不合道理的事情、朦朧不清的事情、糾纏複雜的關係、人倫悲劇、不明原因的身心疾病、上癮行為等原因隱藏的事件，因為代表們能幫助案主在潛意識的大記憶庫中尋找資料。

8. **問**：家族系統排列和其他的家族治療有什麼不一樣？

答：它們都是在為家庭服務，協助解決家庭問題，最大的不同在於使用工具的不同，排列是請代表們去感知，從感知的結果找到答案。另一個不同是：排列是進入到潛意識中去找答案，而不只是在可理解的理性和情感層面找答案，可理解的事情答案已經是顯而易見的，立即去行動即可。

9. **問**：人會不會帶入自己的主觀意識進入代表狀態？如果有主觀的投射，會造成什麼影響？

答：成為代表是人與生俱來的能力，但有一些人會帶入自己的主觀意識進入感知，那麼這個人的感知管道不夠中立，是會影響排列結果的，但是多擔任幾次代表，累積一些經驗，就能成為敏銳又中立的代表了。

10. 問：擔任代表進入別人的能量場，會不會有帶著別人的能量，回不來自己的事情？

答：擔任代表只是把身體當作為能量的感應器，只要停止感應就自然會回到自己了，如果擔任了代表之後，感受一直停留在身體裡，那是別人的能量引動了自己的能量的緣故，而不是我們民俗上所謂被附身了。一般，只要動動身體，打破狀態或是跟自己所代表的人說：我把屬於你的能量還給你，就可以了。如果身上仍存有當代表的感受，表示自己有一個能量跟對方很接近，自己的能量被引出來了。譬如：我在排列場當代表的時候感知到驚恐，而這個驚恐的感覺沒有消去，這個能量可能是自己的而不是對方的，於是我們就知道我們有一個驚恐的情緒能量需要被療癒。

後記

　　非常感謝每位讀者，在此深深的祝福大家身心靈平安健康，也希望因著我累積數十年的經驗分享，能夠引發一些共鳴，因而找到家庭的和諧與快樂。

　　我的下一本書已經完成了一半了，期待近期能與大家見面。

參考書目

周鼎文，愛與和解：華人家庭的系統排列故事，心靈工坊，2018/05

周鼎文，讀懂孩子：掌握愛與教育的祕訣，心靈工坊，2018/04

周鼎文，家族系統排列：核心原理與實務，心靈工坊，2020/04

周鼎文，家庭系統排列：核心原理、操作實務與案例解析，北京化學工業出版社，2017/11

周鼎文，系統排列：系統排列的全息智慧：一對一排列與線上個案的理論與實踐，心靈工坊 2021/4

Bert Hellinger 伯特・海寧格，周鼎文譯，家族星座治療：海寧格的系統心理療法，張老師文化，2001/10

Bert Hellinger 伯特・海寧格，霍寶蓮譯，愛的序位，商周出版 2008/11

Bert Hellinger 伯特・海寧格，霍寶蓮譯，《心靈活泉：海寧格系統排列原理與發展全書》，海寧格機構，2009/10

Bert Hellinger 伯特・海寧格，林逸柔譯，在愛中昇華 - 海寧格智慧精華，海寧格機構，2009/06

Bert Hellinger 伯特・海寧格，周鼎文譯，心靈之藥：身心疾病之系統排列輔導實例，海寧格機構，2010/01

Bert Hellinger 伯特・海寧格，葉勁廷譯，內在之旅：海寧格獨特的靜心，海寧格機構，2010/01

Bert Hellinger 伯特・海寧格，張鈞雯、林逸柔，再見耶穌～海寧格談成功的思維，海寧格機構，2011/06

Bert Hellinger 伯特・海寧格，陳麗芬譯，海寧格自傳訪談錄，海寧格

機構，2011/07

Bert Hellinger 伯特·海寧格，蔡凱文譯，成功的人生：擁抱生命、享受成功，海寧格機構，2011/09

Bert Hellinger 伯特·海寧格，遇見真理，朱明玉譯，海寧格機構，2011/08

Bert Hellinger 伯特·海寧格，邱俊銘譯，成功的序位：企業心管理，海寧格機構，2011/11

Bert Hellinger 伯特·海寧格，張睿芝譯，成功的故事，海寧格機構，2011/10

Bert Hellinger 伯特·海寧格，洞見孩子的靈魂：行動中的海寧格教育 Looking Into the Souls of Children: The Hellinger Pedagogy in Action，宋黎輝、梁寶儀譯，世茂，2015/06

Svagito R. Liebermeister 史瓦吉多，林群華譯，家族系統排列治療精華——愛的根源回溯找回個人生命力量，生命潛能 2008/04

Svagito R. Liebermeister 史瓦吉多，莎薇塔 Sevita 譯，當靜心與諮商相遇～ The Zen Way of Counseling》，生命潛能出版社，2010/04

Dr. Ilse Kutschera 伊絲·庫什拉博士、Christine Brugger 克里斯帝·布魯格，張曉餘譯，家族排列釋放疾病業力 What's Out of Order Here? 生命潛能，2010/05

Mark Wolynn 馬克·渥林，譯者：陳璽尹 It Didn't Start with You: How Inherited Family Trauma Shapes Who We Are and How to End the Cycle，問題不是從你開始的：以核心語言方法探索並療癒家族創傷對於身心健康的影響，商周出版，2018/10

Monica McGoldrick 莫妮卡·麥戈德里克，楊東蓉編，家庭評估與會談案例：家系圖實務操作必備指南，啟示，2018/01

愛與奇蹟，家族系統排列一本通
：從核心理論到療癒案例，結合實務、藝術與靈性，
引領你前往幸福成功的人生

作　者／楊世華
故事執筆／周清華
美術編輯／了凡製書坊
責任編輯／twohorses
企畫選書人／賈俊國

總 編 輯／賈俊國
副總編輯／蘇士尹
編　　輯／高懿萩
行銷企畫／張莉榮　蕭羽猜　黃欣

發 行 人／何飛鵬
法律顧問／元禾法律事務所王子文律師
出　　版／布克文化出版事業部
　　　　　台北市中山區民生東路二段 141 號 8 樓
　　　　　電話：(02)2500-7008 傳真：(02)2502-7676
　　　　　Email：sbooker.service@cite.com.tw
發　　行／英屬蓋曼群島商家庭傳媒股份有限公司城邦分公司
　　　　　台北市中山區民生東路二段 141 號 2 樓
　　　　　書虫客服服務專線：(02)2500-7718；2500-7719
　　　　　24 小時傳真專線：(02)2500-1990；2500-1991
　　　　　劃撥帳號：19863813；戶名：書虫股份有限公司
　　　　　讀者服務信箱：service@readingclub.com.tw
香港發行所／城邦（香港）出版集團有限公司
　　　　　香港灣仔駱克道 193 號東超商業中心 1 樓
　　　　　電話：+852-2508-6231　　傳真：+852-2578-9337
　　　　　Email：hkcite@biznetvigator.com
馬新發行所／城邦（馬新）出版集團 Cité (M) Sdn. Bhd.
　　　　　41, Jalan Radin Anum, Bandar Baru Sri Petaling,
　　　　　57000 Kuala Lumpur, Malaysia
　　　　　電話：+603- 9057-8822　　傳真：+603- 9057-6622
　　　　　Email：cite@cite.com.my
印　　刷／韋懋實業有限公司
初　　版／2022 年 3 月
定　　價／350 元
ＩＳＢＮ／978-986-0796-99-5
ＥＩＳＢＮ／9786267126004 (EPUB)

城邦讀書花園
www.cite.com.tw　布克文化 WWW.SBOOKER.COM.TW